VERÖFFENTLICHUNGEN DES
HWWA-INSTITUT FÜR WIRTSCHAFTSFORSCHUNG-HAMBURG

Eu - E - Ⅴ - 2 - 8

D1620214

Ordnungspolitische Standortbedingungen
für Direktinvestitionen in Mittel- und Osteuropa

herausgegeben von
Klaus Bolz

Albanien

von
Dieter Lösch

1991

VERLAG WELTARCHIV GMBH · HAMBURG

CIP-Titelaufnahme der Deutschen Bibliothek

**Ordnungspolitische Standortbedingungen für
Direktinvestitionen in Mittel- und Osteuropa** / HWWA
Hamburg. Hrsg. von Klaus Bolz. – Hamburg: Verl. Weltarchiv
NE: Bolz, Klaus [Hrsg.]; HWWA-Institut für Wirtschaftsforschung
<Hamburg>

Albanien / von Dieter Lösch. – 1991
  ISBN 3-87895-420-4
NE: Lösch, Dieter

Inv.-Nr. 93/A34605

Geographisches Institut
der Universität Kiel
ausgesonderte Dublette

©
Verlag Weltarchiv GmbH, 2000 Hamburg 36
1991
Alle Rechte vorbehalten
Ohne ausdrückliche Genehmigung des Verlages ist es auch nicht gestattet, das Buch oder
Teile daraus auf photomechanischem Wege (Photokopie, Mikrokopie) zu vervielfältigen.
ISBN 3-87895-420-4

Geographisches Institut
der Universität Kiel

V O R W O R T

Das HWWA-Institut hat seit der ersten Hälfte der 70er Jahre
jährlich eine Analyse der mittel- und osteuropäischen Volkswirtschaften vorgenommen und diese unter dem Titel "Die wirtschaftliche Entwicklung in den sozialistischen Ländern Osteu-
ropas zur Jahreswende..." veröffentlicht. Vor dem Hintergrund
der ökonomischen und politischen Veränderungen in den mittel-
und osteuropäischen Ländern erfolgte die Untersuchung im
Frühjahr 1990 mit einem veränderten Ansatz, um den sich voll-
ziehenden Wandlungen besser gerecht zu werden. Im Vordergrund
dieser Untersuchung standen die ordnungspolitischen Rahmenbedingungen der einzelnen Länder, und erst in einem zweiten
Schritt wurden die quantitativen und strukturellen Prozesse
dargestellt und beurteilt.

Seitdem sich im Jahre 1989 die Entwicklungen in Polen,
Ungarn, der DDR, der Tschechoslowakei und schließlich auch in
Rumänien überstürzten, ist das Problem der Systemtransformation von besonderer Aktualität; dies dürfte auch in den nächsten Jahren so bleiben. Mit dem gesellschaftspolitischen Um-
sturz in diesen Ländern wurden die zahlreichen theoretischen
und empirischen Untersuchungen über die Leistungsschwächen
von Planwirtschaften nun durch die Erfahrung des wirtschaftlichen Bankrotts des sogenannten real existierenden Sozialismus in Osteuropa bestätigt. Damit hat sich auch in den mit-
tel- und osteuropäischen Ländern die Erkenntnis durchgesetzt,
daß in der heutigen Welt die marktwirtschaftliche Organisation der Volkswirtschaften - unabhängig vom Entwicklungsstand eines Landes und von kulturellen Besonderheiten - dem
über mehrere Jahrzehnte propagierten nicht-marktwirtschaft-
lichen Wirtschaftssystem vorzuziehen ist.

Die Transformation der sozialistischen Systeme in moderne Marktwirtschaften verläuft in den einzelnen Ländern mit unterschiedlichen Ansätzen und mit einem unterschiedlichen Tempo. Die westlichen Länder begrüßen den vor unseren Augen ablaufenden Prozeß und sind sich weitgehend darin einig, daß sie nicht nur auf Grund einer moralischen Verpflichtung die einzelnen Länder im Prozeß der Transformation unterstützen sollen, sondern daß eine technische und finanzielle Hilfe durchaus in ihrem eigenen Interesse liegt. Für die Wirtschaftspolitik der einzelnen westlichen Länder bedeutet dies, die bisherige Zusammenarbeit mit diesen Ländern nicht nur nicht abreißen zu lassen, sondern sie zu intensivieren und durch neue Formen zu festigen. Diese Überlegung spielte wohl auch im Wirtschaftsministerium der Bundesrepublik Deutschland eine Rolle, als man sich entschloß, ein Gutachten unter dem Titel "Die mittel- und osteuropäischen Länder als Unternehmensstandort" an wirtschaftswissenschaftliche Institute in der Bundesrepublik zu vergeben. Das Institut für Weltwirtschaft in Kiel und das HWWA-Institut in Hamburg haben diesen Forschungsauftrag in enger Kooperation ausgeführt. Das Kieler Institut hat sich schwerpunkmäßig der Bestandsaufnahme und Bewertung der Wirtschafts- und Infrastruktur gewidmet; den Wissenschaftlern des HWWA-Instituts fiel die Aufgabe zu, eine Bestandsaufnahme und Bewertung der Systemtranformation in den einzelnen Ländern vorzunehmen und die Direktinvestitionen des westlichen Auslands in diesen Ländern rechtlich sowie quantitativ und strukturell zu untersuchen.

In Anknüpfung an die seit vielen Jahren regelmäßig veröffentlichten Untersuchungen über die osteuropäischen Länder hat sich das HWWA-Institut entschlossen, auf der Basis dieser Gutachten eine Reihe von Länderstudien unter dem Titel "Ordnungspolitische Standortbedingungen für Direktinvestitionen in Mittel- und Osteuropa" herauszubringen. Begonnen wurde diese Veröffentlichungsreihe im August 1991 mit Rumänien, also mit dem Land, das hinsichtlich seiner Reformbemühungen in den vergangenen Jahren einen der hinteren Plätze eingenommen hat, das sich nun aber anschickt, sich denjenigen Ländern anzunähern, die in ihrer Transformationspolitik von der Plan- zur Marktwirtschaft bisher die entschiedendsten Schritte getan haben.

Für die Untersuchung der wirtschaftlichen Entwicklung Albaniens in den letzten 10 Jahren und dem sich seit Mai 1990 abzeichnenden Reformprozeß hat das HWWA-Institut vom Bundesministerium für Wirtschaft einen gesonderten Forschungsauftrag erhalten. Mit der vorliegenden Veröffentlichung werden die aktualisierten Ergebnisse dieser Analyse einer breiteren interessierten Öffentlichkeit vorgestellt. Durch die Kooperationsbereitschaft der staatlichen Plankommission (jetzt Wirtschaftsministerium) und die Unterstützung durch das Instituti i Studimeve Ekonomike (früher Wirtschaftsforschungsinstitut bei der Plankommission) - für die der Verfasser dem Vizepräsidenten der ehemaligen Plankommission, Herrn Luan Schahollari, sowie dem Direktor des Wirtschaftsforschungsinstituts, Professor Hasan Banja, zu großen Dank verpflichtet ist - war es möglich, einen umfassenden Überblick über die wirtschaftliche Entwicklung Albaniens in den 80er Jahren zu geben, wie er bisher aufgrund der äußerst mangelhaften Datenlage nicht möglich war. Dagegen ist eine abschließende Darstellung und Bewertung der ordnungspolitischen Rahmenbedingungen infolge des eben erst in Gang kommenden institutionellen Wandels gegenwärtig noch nicht möglich.

Mit geringem zeitlichen Abstand werden die Länderstudien über Polen, Ungarn, die Tschechoslowakei und Bulgarien folgen. Dabei werden die Bearbeiter der einzelnen Studien darum bemüht sein, die bisher vorliegenden Texte auf den neuesten Stand zu bringen, denn wie allgemein bekannt ist, ändern sich ordnungspolitische Details zur Zeit noch häufig.

Der Autor der Länderstudie Albanien leitet in der Abteilung
Wirtschaftssysteme und Wirtschaftsbeziehungen osteuropäischer
Länder die Forschungsgruppe Entwicklung und Transformation
von Wirtschaftssystemen.

Hamburg, den 3. September 1991   Klaus Bolz

INHALTSVERZEICHNIS

9

VERZEICHNIS DER TEXTTABELLEN

11

I. Bestandsaufnahme und Bewertung der Wirtschafts- und Infrastruktur Albaniens

1. Die wirtschaftliche Entwicklung Albaniens in den letzten
10 Jahren

a. "Alles aus eigener Kraft" - die albanische Entwicklungsstrategie 1978-1990

Die wirtschaftliche Entwicklung Albaniens in den letzten
10 Jahren, die in die gegenwärtige tiefe Krise führte, wird
nur verständlich vor dem Hintergrund der albanischen Wirt-
schaftsgeschichte seit dem Kriege. Diese war geprägt von
den folgenden Faktoren:

- Am Ende des 2. Weltkriegs war Albanien ein **rückständiges
Agrarland**. Es verfügte nur über wenige kleine Industriebetriebe, wie Zigaretten- und Seifenfabriken, eine Braue-
rei, Alkoholfabriken, Töpfereien, Ziegeleien und eine Ze-
mentfabrik.[1] Etwa 85 % der Bevölkerung lebte auf dem Lande und wirtschaftete in der seit Jahrhunderten überkommenen Weise mit primitivsten Geräten.[2]

- In der Verfassung vom März 1946 legte sich Albanien
auf ein **sozialistisches Wirtschaftssystem** fest. Das Land
übernahm das stalinistische Wirtschaftsmodell. Schon binnen zweier Jahre war die rudimentäre Industrie vollkommen
verstaatlicht, und bereits 1960 war - mit Ausnahme der
Bergregionen - die Landwirtschaft kollektiviert. 1967 war
die Kollektivierung abgeschlossen.[3] Die gesamte Wirtschaft wurde nach sowjetischem Vorbild zentral geplant
und geleitet. Anders als in Osteuropa kam es in Albanien
nicht zu nennenswerten Reformversuchen, vielmehr wurde
das stalinistische Wirtschaftssystem noch rigoroser prak-
tiziert und ausgebaut als in der Sowjetunion unter
Stalin. So wurde z.B. noch 1981 die private Tierhaltung

der Bauern gesetzlich verboten. Noch bis in die erste Hälfte der 80er Jahre hinein wurde die Wirtschaft weiter zentralisiert, indem die Exekutivkomitees der Distrikte, die zuvor auch an der Planaufstellung beteiligt gewesen waren, zu reinen Kontrollorganen ohne Planungsbefugnis umgestaltet, also alle Betriebe bezüglich Planung und Leitung voll den Ministerien unterstellt wurden. Auch das politische und gesellschaftliche System wurde seit 1946 nach sowjetischem Vorbild - Alleinherrschaft der Kommunistischen Partei, Diktatur des Proletariats, Anwendung des Prinzips des "demokratischen Zentralismus" - ausgestaltet und blieb bis 1990 in extremer Weise stalinistisch geprägt.

- Albanien kopierte auch das **stalinistische Entwicklungsmuster**. Enver Hoxha, der das Land 40 Jahre mit eiserner Hand diktatorisch regierte, setzte von Beginn an auf die Umgestaltung des Agrarlandes Albanien in ein Industrieland. Wie in der Sowjetunion unter Stalin wurde die Landwirtschaft als Akkumulationsquelle für die Industrialisierung betrachtet.[4] Gemäß der von Stalin formulierten und praktizierten Wirtschaftspolitik wurde der Entwicklung der Schwerindustrie Vorrang vor der Leichtindustrie eingeräumt und versucht, die Akkumulationsrate, das heißt den Anteil der Investitionen am Sozialprodukt, permanent zu steigern, wobei nach dem angeblichen "Gesetz des vorrangigen Wachstums der Produktion von Produktionsmitteln" verfahren wurde. Von 1946-1978 wurde die albanische Entwicklungspolitik durch ausländische (östliche) Entwicklungshilfe in nicht unbedeutendem Maße unterstützt. Bis 1948 gab es eine enge Wirtschaftskooperation mit Jugoslawien, danach bis 1961 mit der Sowjetunion sowie einigen anderen RGW-Ländern und von 1961-1978 mit der Volksrepublik China. Zwischen 1958 und 1978 sollen insgesamt rund 44 % der albanischen Investitionen mit Hilfe sowjetischer und später chinesischer Kredite finanziert worden sein, wobei die Tilgung im Rahmen von Clearing-Abkommen durch Warenlieferungen erfolgte.[5] Sowohl der Abbruch der Entwicklungshilfebeziehungen mit der Sowjetunion 1960/61 als auch mit China 1978 erfolgte ziemlich abrupt und hinterließ Investitionsruinen.

- Abgesehen von der erwähnten Zusammenarbeit mit sozialistischen Ländern, verfolgte Albanien unter Hoxha von Anfang an eine **autarkistische Politik.**[6] Dahinter standen offenbar die aus der historischen Erfahrung resultierende Furcht, durch wirtschaftliche Abhängigkeit in politische Abhängigkeit zu geraten, sowie die Angst, daß der "Weltkapitalismus" bzw. der "Sozialimperialismus" der UdSSR oder der chinesische "Revisionismus" den sozialistischen Entwicklungsweg Albaniens und damit das totalitäre Regime der "Partei der Arbeit Albaniens", wie die kommunistische Partei hieß, bedrohen könnte. Diese Befürchtungen führten zu einer Militarisierung des ganzen Landes, wie sie heute noch in Gestalt von tausenden (angeblich sind es 120.000!) Kleinbunkern erkennbar ist, mit denen zwischen 1972 und 1974 das ganze Land überzogen wurde. Der jahrelange Vorrang der Wehrwirtschaft dürfte das arme Lande in ganz entscheidendem Maße belastet und seine Entwicklung zusätzlich schwer beeinträchtigt haben. Nach dem Bruch mit China betrachtete sich Albanien als das einzig verbliebene rechtgläubige sozialistische Land der Erde. Von nun an galt die Devise "alles aus eigener Kraft". Unter diesem Schlagwort verfolgte Albanien seit 1978 eine **autozentrische Entwicklungsstrategie** par excellence. Die Kreditaufnahme im Ausland war schon im Vorfeld des Bruchs mit China 1976 verfassungsmäßig verboten worden. Die Handelsbilanz mußte jährlich ausgeglichen werden, wobei eine Importsubstitutionsstrategie verfolgt wurde, die die unvermeidlichen Technologieimporte immer mehr reduzieren sollte. Auf dieser Linie lag auch die schon zuvor verfolgte Politik, die Ernährung der mit über 2 % pro

Jahr rasch wachsenden Bevölkerung durch die Steigerung der landwirtschaftlichen Produktion sicherzustellen.[7] Die Folge des Autozentrismus war ein Verzicht auf ausländische Hilfe in der Größenordnung von 11-15 % der Bruttoinvestitionen.[8]

Bis Ende 1990 war die offizielle Darstellung der wirtschaftlichen Entwicklung Albaniens - trotz in der zweiten Hälfte der 80er Jahre gelegentlich scharfer Kritik der Parteiführung an der Wirtschaft[9] - durch eine kaum zu überbietende Schönfärberei charakterisiert. Noch in dem Ende 1990 herausgekommenen Statistischen Jahrbuch 1990 ist im Vorwort zu lesen, daß dieses Jahrbuch die "great achievements and successes" Albaniens aufzeige, daß aber die aufgeführten Fakten und Zahlen nicht ausreichen würden, "(to) reveal the greatness and proportions of what has taken place in Albania, in its emergence from the medieval darkness to light, from extreme poverty to prosperity." Diese Aussage steht in groteskem Gegensatz zur Realität.

Wie im folgenden im einzelnen darzustellen sein wird, befindet sich Albanien **auf einem für europäische Verhältnisse einzigartig niedrigen Entwicklungsniveau.** Während des vergangenen Jahrzehnts wuchs das Sozialprodukt nach Angaben albanischer Wissenschaftler und nach den neuerdings vorgelegten Statistiken nur noch mit einer geringeren Rate als die Bevölkerung.[10] Die Produktivität ging zurück, die Neuinvestitionen stagnierten, die Instandhaltung der vorhandenen Infrastruktur und der Produktionsanlagen war absolut ungenügend. Die Infrastruktur, die Wohnsubstanz und nahezu der gesamte Produktionsapparat sind verschlissen. Das Land befindet sich noch in wesentlich stärkerem Ausmaße im Verfall als die ehemals sozialistischen Länder des Ostblocks.

Etwa im Frühjahr 1990 setzte eine akute Wirtschaftskrise
ein, die durch einen starken und sich bis heute (Ende Juni
1991) beschleunigenden Produktionsrückgang auf der ganzen
Linie gekennzeichnet ist.

Da Albanien die sozialistische Kommandowirtschaft in rigi-
dester Form und seit 1978 in fast vollständiger Isolation
praktizierte, haben sich deren bekannte Mängel in dem kleinen Land besonders stark ausgewirkt. Zu den systembedingten
Defekten – geringe Motivation der Arbeitskräfte, versteckte
Arbeitslosigkeit, hohe Ressourcenintensität der Produktion,
mangelnde Effizienz von Investitionen, Innovationsfeind-
lichkeit, Entfunktionalisierung des Geldes und unzulängliche Arbeitsteilung, Fehlallokation von Ressourcen usw. –
kommen in Albanien durch die autarkistische Entwicklungsstrategie bedingte zusätzliche strukturelle Fehlentwick-
lungen hinzu. Aufgrund des Verbotes der Kreditaufnahme im
Ausland war das arme Entwicklungsland Albanien seit 1976
nur in dem Maße zur Kapitalbildung fähig, wie es der rasch
wachsenden Bevölkerung bei rückläufigem Lebensstandard weiteren Konsumverzicht und größere Arbeitsleistungen zumuten
konnte. Dies wurde versucht durch eine restriktive Lohnpo-
litik sowie durch die Mobilisierung der Massen zu "freiwilligen" Leistungen in Form unbezahlter Sonderschichten, etwa
in Form des Einsatzes von Schülern, Studenten und Soldaten
für den Straßen- und Eisenbahnbau, die Terrassierung der
Berghänge und den Bau von Bewässerungsanlagen für die Landwirtschaft.[11] Doch diese Bemühungen reichten nicht einmal
aus, den sich beschleunigenden Zerfall zu stoppen; statt
der lauthals propagierten Entwicklungsfortschritte fand in
Wirklichkeit Rückentwicklung statt.

Der gerade für ein Entwicklungsland wie Albanien besonders
notwendige Technologieimport konnte wegen des Kreditaufnah-
meverbots nur in dem Maße erfolgen, wie das Land in der
Lage war, mit den "sozialistischen" Ländern Handelsabkommen

abzuschließen oder durch Exporte in westliche Länder harte Devisen zu verdienen. Die autarkistische, auf Importsubstitution ausgerichtete Wirtschaftspolitik beeinträchtigte jedoch die ohnehin geringe Exportfähigkeit des Landes zusätzlich. Da wegen des Mangels an harten Devisen und aus politischen Gründen der Handel mit dem Ostblock dominierte, war auch die importierte Technologie weit überwiegend nur auf osteuropäischem Stand. Die auf Selbstversorgung mit Nahrungsmitteln ausgerichtete Landwirtschaftspolitik verhinderte die Ausnutzung komparativer Vorteile in diesem Sektor, ohne dieses Ziel wirklich zu erreichen. Zwar versuchte Albanien seit Mitte der 70er Jahre, verstärkt Rohstoffe und Energie zu exportieren, doch seine eigene, im Verhältnis zur Größe des Landes überdimensionierte Schwerindustrie machte gleichzeitig Rohstoffimporte notwendig; die dafür verausgabten Devisen gingen zu Lasten des Technologieimports. Die ohnehin nicht gerade sehr modernen Anlagen veralteten und konnten nur in völlig unzulänglichem Ausmaß modernisiert, ja oft nicht einmal repariert werden. Nur in Einzelfällen und in einer Größenordnung von jährlich 20 Mio. US-$ (!) wurden neue Anlagen mit fortgeschrittener Technologie im Westen gekauft.

Alles in allem kommt man nicht umhin festzustellen, daß aufgrund der genannten system- und strategiebedingten Faktoren **die albanische Wirtschaft am Ende des Jahres 1990 bei stark gestiegener Bevölkerungs- und Beschäftigtenzahl deutlich schlechter dastand als 1980.** Offenbar wirkte sich die rigorose wirtschaftliche Abkapselung noch verheerender aus als das stalinistische System, mit dem durch die Hilfe der RGW-Staaten bzw. Chinas bis 1978 ein gewisser Entwicklungsfortschritt erreicht worden war.

Die vorliegenden Statistiken dürften die negative Entwicklung im letzten Jahrzehnt eher noch zu günstig darstellen. Erst jetzt beginnen die albanischen Statistiker und Ökono-

men, sich selbst über den wirklichen Entwicklungsverlauf
Rechenschaft zu geben. Ähnlich wie im Falle der DDR, in
dem das Ausmaß des wirtschaftlichen Desasters erst nach dem
Anschluß an die Bundesrepublik nach und nach voll offenbar
wurde, ist damit zu rechnen, daß das folgende – auf der
Grundlage der jetzt verfügbaren Daten gezeichnete – Bild
der Wirtschaft Albaniens in den 80er Jahren die wirtschaftliche Wirklichkeit des Landes eher noch in einem zu
positiven Licht erscheinen läßt – zumal die Statistiken den
Substanzverzehr und die Umweltbelastung ebensowenig wieder-
geben, wie die durch das System und die Abkapselung verursachte Beschädigung des "menschlichen Faktors".

b. Gesamtwirtschaftliche Indikatoren

Anfang dieses Jahres (1991) hat die albanische Direktion
für Statistik bei der Plankommission, die seit Anfang
Juni Wirtschaftsministerium heißt, erstmalig Zahlen über
das albanische Sozialprodukt herausgegeben. Es handelt sich
dabei um bisher unveröffentlichte Tabellen, die für die
Weltbank und den IMF zusammengestellt worden sind. Die nach
dem System of National Accounts (SNA) erstellten Zahlen
der Tabelle 1.1 basieren auf der nach dem Material Product
System (MPS) erfolgten volkswirtschaftlichen Gesamtrechnung
des Landes, wie sie Tabelle 1.2 wiedergibt, die gleichfalls nie veröffentlicht worden ist. Die Umrechnung vom
MPS in das SNA erfolgte vermutlich unter Mithilfe von
Weltbankökonomen, die sich von Februar bis April 1991 in
Albanien aufhielten. Einige Mitarbeiter der Direktion für
Statistik bei der (jetzt: ehemaligen) Plankommission wurden
inzwischen beim INSEE in Paris geschult. Dennoch wird es
noch lange dauern, bis eine halbwegs verläßliche volkswirt-
schaftliche Gesamtrechnung aufgebaut sein wird; deshalb ist
damit zu rechnen, daß auch die jetzt vorgelegten Zahlen
später noch korrigiert werden.

Sozialprodukt

Tabelle 1.1 enthält die von der Direktion für Statistik herausgegebenen Zahlen über die Verwendung, Verteilung und Entstehung des albanischen Bruttoinlandsprodukts.[12] Diese Tabellen dürften ein wenigstens annähernd realistisches Bild des Niveaus und der Entwicklung des albanischen Sozialprodukts (das wegen nicht nennenswerter albanischer Faktoreinkommen im Ausland und ausländischer Faktoreinkommen in Albanien mit dem Inlandsprodukt weitestgehend identisch ist) zeichnen. Diese Aussage gilt insofern mit Einschränkung, als man u.a. davon ausgehen muß, daß die zugrundeliegenden Outputgrößen aus dem Bestreben heraus, die Planerfüllung zu melden, grundsätzlich tendenziell überzeichnet sein dürften, wie das in allen sozialistischen Ländern der Fall gewesen ist. Erhebliche Zweifel sind auch an der Wachstumsrate für das Jahr 1989 angebracht. Anfang 1990 - also zu einem Zeitpunkt, da die wirtschaftliche Entwicklung noch stark propagandistisch gefärbt eher übertrieben positiv dargestellt wurde - war nur von einem Wachstum des Sozialprodukts für 1989 von 6 % die Rede; und nach den relativ kritischen Äußerungen offizieller Stellen zur Planerfüllung in wichtigen Wirtschaftssektoren mußte selbst diese Ziffer als überhöht betrachtet werden.[13] Dennoch sollen hier die Angaben für 1989 akzeptiert werden. Danach ergibt sich von 1980-1989 ein durchschnittliches jährliches Wachstum des BIP von ca. 3 %. Da - wie sich aus Tabelle 1.2 ergibt - 1990 ein Produktionseinbruch erfolgte, der die Zunahme von 1989 überkompensierte, erscheinen die Angaben albanischer Wirtschaftswissenschaftler über die Wachstumsfortschritte in den 80er Jahren - unter Einschluß des Jahres 1990 - noch zu optimistisch. So erklärte der Direktor des Wirtschaftsforschungsinstituts bei der Staatsplankommission, daß das Wachstum in den Jahren 1981-1990 durchschnittlich jährlich 1,5-1,6 % betragen habe, in den beiden letzten Jahren durchschnittlich nur noch 1,2-1,6 %.[14] In

Tabelle 1.1

DAS BRUTTOINLANDSPRODUKT ALBANIENS 1980 - 1989
- in Mrd. Lek -
(erstellt nach dem "System of National Accounts"[1])

(1) Verwendung des Bruttoinlandsprodukts

	1980	1981	1982	1983	1984	1985	1986	1987	1988	1989
(1) Priv. Verbrauch	8,760	8,982	9,054	9,524	9,839	9,887	10,351	10,791	10,770	11,398
Anteil am BIP in %	56,4	55,9	54,7	56,9	59,6	58,6	59,5	62,5	63,3	61,0
(2) Staatsverbrauch	1,396	1,372	1,421	1,468	1,554	1,569	1,613	1,664	1,609	1,646
Anteil an BIP in %	9,0	8,5	8,6	8,8	9,4	9,3	9,3	9,6	9,5	8,8
(3) Bruttoinvestition	5,269	4,987	5,508	5,923	6,111	5,445	5,385	5,588	5,363	5,854
Anteil am BIP in %	33,9	31,0	33,3	35,4	37,0	32,3	31,0	32,4	31,5	31,3
(4) Vorratsveränderungen	99	658	765	110	-864	78	-10	-685	-447	72
(5) Außenbeitrag	14	74	-204	-301	-130	-116	51	-105	-287	-289
(6) Bruttoinlandsprodukt (1 + 2 + 3 + 4 + 5)	15,538	16,073	16,544	16,724	16,510	16,863	17,390	17,253	17,008	18,681
(7) Veränderung gegenüber dem Vorjahr in %		3,4	2,9	1,1	-1,3	2,1	3,1	-0,1	-1,0	9,8

(2) Bruttoinlandsprodukt / Verteilung

	1980	1981	1982	1983	1984	1985	1986	1987	1988	1989
(1) Löhne und Gehälter	7,380	7,735	7,812	8,190	8,279	8,432	8,894	9,091	9,058	9,684
Anteil am BIP in %	47,5	48,1	47,2	49,0	50,1	50,0	51,1	52,7	53,3	51,8
(2) Einkünfte des Staates ("Gewinne")	6,476	6,602	6,931	6,632	6,249	6,379	6,396	6,016	5,861	6,799
Anteil am BIP in %	41,7	41,1	41,9	39,7	37,8	37,8	36,8	34,9	34,5	36,4
(3) Abschreibungen	1,682	1,736	1,801	1,903	1,982	2,052	2,100	2,146	2,089	2,198
Anteil am BIP in %	10,8	10,8	10,9	11,4	12,0	12,2	12,1	12,4	12,3	11,8
(4) Bruttoinlandsprodukt (1 + 2 + 3)	15,538	16,073	16,544	16,725	16,510	16,863	17,390	17,253	17,008	18,681

Tabelle 1.1 Fortsetzung

(3) Bruttoinlandsprodukt/Entstehung

	1980	1981	1982	1983	1984	1985	1986	1987	1988	1989
(1) Bruttoproduktion	34,105	35,227	36,823	37,354	37,307	37,440	38,333	38,765	38,567	40,979
(2) Vorleistungen	18,567	19,154	20,279	20,629	20,794	20,577	20,943	21,512	21,559	22,298
(3) Bruttoinlandsprodukt (1 - 2)	15,538	16,073	16,544	16,725	16,510	16,863	17,390	17,253	17,008	18,681

(4) Arbeitsproduktivität

	1980	1981	1982	1983	1984	1985	1986	1987	1988	1989
(1) Erwerbstätige[2] a) (in 1000; 0 jährl.) b)	1.122 1.093	1.161 1.134	1.216 1.190	1.252 1.221	1.279 1.242	1.298 1.266	1.341 1.305	1.381 1.345	1.405 1.368	1.431 1.397
(2) Arbeitsproduktivität a) (LEK pro Erwerbst.) b)	13.848 14.212	13.844 14.172	13.605 13.897	13.359 13.688	12.909 13.292	12.991 13.322	12.968 13.322	12.493 12.827	12.105 12.429	13.194 13.376

(5) B I P / Kopf

	1980	1981	1982	1983	1984	1985	1986	1987	1988	1989
(1) Bevölkerung	2.696	2.751	2.810	2.866	2.927	2.988	3.045	3.169	3.138	3.230
(2) BIP/Kopf (LEK)	5.763	5.843	5.888	5.836	5.641	5.644	5.711	5.444	5.420	5.784

1 Die Basisdaten dieser Tabelle wurden unter Mitwirkung von Experten der Weltbank und des IMF von der Direktion für Statistik bei der Staatlichen Plankommission nach dem westlichen SNA-Schema berechnet. Sie wurden dem Verfasser von der Plankommission zur Verfügung gestellt.
2 Die Erwerbstätigenzahlen in Zeile (a) sind Tabelle 7, Zeile (II) entnommen, die der Zeile (b) Tabelle 6, Zeile (7); beide Angaben liegen weit über den Angaben über die Beschäftigung im Statistical Yearbook of P.S.R. of Albania, Tab. 63, S. 81.

Quelle: Direktion für Statistik der Staatlichen Plankommission.

Tabelle 1.2

NETTOPRODUKTION IN JEWEILIGEN PREISEN 1980 - 1990
- in Mio. LEK -
(erstellt nach dem "Material Product System")

	1975	1980	1981	1982	1983	1984	1985	1986	1987	1988	1989	1990
(A) Nettoprodukt	11.600	12.862	13.264	13.625	13.697	13.300	13.602	14.013	13.699	13.631	15.223	13.229
Veränderungen gegenüber Vorjahr in v.H.			3,1	2,7	0,5	-2,9	2,3	3,0	-2,3	-1,5	11,7	-13,1
National-einkommen	11.600	12.764	13.356	13.704	13.915	13.443	13.717	14.008	13.706	13.583	15.234	13.204
(B) Individuelle Konsumtion	6.801	7.721	7.863	7.887	8.351	8.563	8.629	9.025	9.335	9.436	10.089	10.291
1. Einzelhan-delsumsatz	5.146	6.487	6.684	7.086	7.450	7.671	7.697	8.124	8.374	8.555	9.058	9.056
2. Eigenver-brauch länd-wirt. Prod.	1.386	921	844	500	578	582	620	604	646	572	700	900
3. Abschrei-bungen auf Wohngebäude	103	113	118	115	132	122	119	101	101	102	110	115
4. Sonst. Konsum der Bevölkerung	166	200	217	186	191	188	193	196	214	207	221	220

Tabelle 1.2 Fortsetzung

	1975	1980	1981	1982	1983	1984	1985	1986	1987	1988	1989	1990
(C) Gesellsch. Konsumtion	1.078	1.313	1.349	1.375	1.422	1.460	1.466	1.472	1.517	1.492	1.525	1.531
1. Bildung, Kultur, Gesundh.	360	371	407	439	443	457	456	450	470	472	470	472
2. Öffentl. Dienstleist.	107	114	82	87	93	99	104	106	109	120	131	134
3. Verteidigung	350	580	594	580	604	605	569	578	600	573	579	580
4. Verwaltung	25	30	38	42	38	42	50	49	48	52	45	45
5. Abschreibungen	110	133	142	149	158	171	184	184	184	184	184	184
Übrige	126	85	86	78	85	86	103	105	107	91	116	116

Tabelle 1.2 Fortsetzung

	1975	1980	1981	1982	1983	1984	1985	1986	1987	1988	1989	1990
(D) Akkumulation	4.249	3.274	3.831	4.393	3.851	2.890	3.326	3.052	2.532	2.867	3.749	2.606
1. Bau- u. Anlageinvest. insg.	4.144	4.864	4.914	5.435	5.649	5.748	5.315	5.170	5.372	5.416	5.888	5.229
- Anlageinvestition	3.481	4.086	4.448	4.693	4.885	4.844	4.404	4.252	4.351	4.432	4.915	4.217
- Sonst. Bau- u. Anlageinvest.	250	178	228	226	246	241	214	203	206	205	223	232
- Erhaltungsaufwendungen	369	434	475	552	538	650	666	631	717	739	769	770
- Verteidigungsinvestitionen	0	128	70	95	95	142	152	190	195	163	170	150
- Veränderung der Viehbestände	0	0	-96	-94	-99	-102	-107	-102	-131	-133	-204	-150
- Veränderung der priv. Viehbest.	44	37	-211	-37	-16	-27	-14	-4	34	10	15	10
2. Abschreibungen	1.289	1.689	1.742	1.807	1.908	1.994	2.067	2.108	2.154	2.1102	2.211	2.290
3. Bestandsveränderungen	1.394	99	658	765	110	-864	78	-10	-685	-447	72	-333
- Materialbestände		50	859	825	188	-628	149	-4	-87	-279	47	-20
- Konsumgüterbestände			-266	-82	-125	-298	39	61	-142	-33	290	-70
- Staatl. Reserven	253	49	65	22	47	62	-110	-67	-456	-135	-265	-243
(E) Außenhandelssaldo	349	-84	166	-125	-83	13	-1	46	-98	-335	-278	-1.280

Quelle: Direktion für Statistik der Staatlichen Plankommission.

diesen beiden letzten Jahren war das durchschnittliche
jährliche Wachstum jedoch offensichtlich sogar negativ.[15]
Aus Tabelle 1.2 errechnet sich eine durchschnittliche
jährliche Wachstumsrate der Nettoproduktion von weniger als
0,3 %. Professor Hekuran Mara, Direktor des Wirtschaftswissenschaftlichen Instituts bei der Akademie der Wissenschaf-
ten und Nestor der albanischen Wirtschaftswissenschaft,
bezifferte dagegen das durchschnittliche jährliche Wirt-
schaftswachstum in den 80er Jahren auf 1,5-2 %. Bei einem
Bevölkerungswachstum von ziemlich genau 2 % bedeutet dies
auf jeden Fall, daß das Sozialprodukt pro Kopf der Bevölkerung in den vergangenen 10 Jahren nicht gewachsen ist.

Nach unseren Berechnungen auf der Grundlage der Angaben
für das Bruttoinlandsprodukt und der Bevölkerungsstatistik
ergibt sich, daß das BIP pro Kopf der Bevölkerung tatsächlich (wenn man von 1989 absieht) in den 80er Jahren leicht
rückläufig gewesen ist (vgl. Tabelle 1.1, (5)). Es betrug
1988 nur 5.420 Lek, ein Wert, der 1990 noch deutlich unter-
schritten worden sein dürfte. Umgerechnet zum offiziellen
Dollarkurs, betrug demnach das **BIP pro Kopf** der albanischen
Bevölkerung (beim offiziellen Kurs von 10 Lek für einen
Dollar) **weniger als 600 US-Dollar**. Bisher wurde das BSP pro
Kopf für Albanien auf rund 850 US-Dollar geschätzt. Wegen
der völlig disparitären Angebotsverhältnisse und der willkürlichen Preispolitik Albaniens lassen sich nicht einmal
grobe Anhaltspunkte für einen Kaufkraftvergleich gewinnen.
Zieht man jedoch in Betracht, daß der gegenwärtige Schwarz-
marktkurs bereits mehr als 30 Lek pro Dollar beträgt, dürfte klar sein, daß das Pro-Kopf-Einkommen der Albaner mit
500-600 Dollar eher viel zu hoch als zu niedrig geschätzt
ist.

Tabelle 2

ARBEITSPRODUKTIVITÄT NACH SEKTOREN[1]

	1980	1981	1982	1983	1984	1985	1986	1987	1988	1989
Industrie										
- Nettoproduktion in Mrd. LEK	5.782	5.704	5.968	5.928	5.848	5.886	6.196	6.276	6.310	6.822
- Beschäftigte in Tsd.	238	249	263	271	277	281	292	307	312	325
Output pro Beschäftigten (LEK)	24.294	22.908	22.692	21.112	21.112	20.947	21.219	20.224	20.224	20.991
Land- u. Forstwirtschaft										
- Nettoproduktion in Mrd. LEK	4.319	4.292	4.314	4.665	4.399	4.703	4.768	4.550	4.296	4.919
- Beschäftigte in Mio.	559	577	597	615	631	645	672	696	706	707
Output pro Beschäftigten (LEK)	7.726	7.438	7.226	7.585	6.971	7.291	7.095	6.537	6.085	6.958
Bauwirtschaft										
- Nettoproduktion in Mrd. LEK	891	939	1.041	1.070	1.065	979	936	879	891	989
- Beschäftigte in Tsd.	99	99	108	109	106	101	102	95	95	99
Output pro Beschäftigten (LEK)	9.000	9.485	9.639	9.817	10.047	9.693	9.176	9.253	9.379	9.990

1 Berechnet nach den Angaben in den Tabellen 7 und 8.

Quelle: Direktion für Statistik.

Produktivität

Die gesamtwirtschaftliche **Arbeitsproduktivität** (vgl. Tabelle 1.1, (4)) weist in den 80er Jahren gleichfalls eine rückläufige Tendenz auf. Sie ging von 1980 gleich 100 auf 87,9 1988 zurück, fiel damit um durchschnittlich jährlich 1,7 %; und selbst im Ausnahmejahr 1989 lag sie fast 6 % unter der des Jahres 1980.

Tabelle 2 zeigt die **Produktivitätsentwicklung in den drei wichtigsten Sektoren** der albanischen Wirtschaft. Dabei fällt auf, daß in der **Industrie** die Arbeitsproduktivität 1988 nur 83 % des Wertes von 1980 erreichte, also durchschnittlich jährlich um etwa 2,3 % zurückging. Bezogen auf den gleichen Zeitraum – das Jahr 1989 wird als Ausnahmejahr hier außer Betracht gelassen, zumal die Ergebnisse für 1990 unter denen für 1988 gelegen haben – war der Produktivitätsrückgang in der **Landwirtschaft** noch größer, nämlich 21,3 %, das ist ein Rückgang von durchschnittlich jährlich knapp 3 %. Dagegen stieg die Arbeitsproduktivität in der **Bauwirtschaft** in der ersten Hälfte der 80er Jahre (genauer bis 1984) um insgesamt 11,6 % (das sind durchschnittlich jährlich 2,8 %), ging dann aber bis 1988 wieder leicht zurück und lag in diesem Jahr nur 4,2 % über dem Wert von 1980.

Diese **negative Entwicklung der albanischen Arbeitsproduktivität** dürfte aus dem Zusammenspiel der folgenden Faktoren resultieren:

– In den 80er Jahren betrug der **Anteil der Nettoinvestitionen am Sozialprodukt** durchschnittlich jährlich nur etwas mehr als 20 % und war tendenziell rückläufig; die durchschnittliche jährliche Zunahme der Nettoinvestition betrug nur 0,24 % (vgl. Tabelle 3). 1990 soll er nur noch

Tabelle 3

NETTOINVESTITION UND AKKUMULATIONSRATE 1980-1989

	1980	1981	1982	1983	1984	1985	1986	1987	1988	1989
Bruttoinvestitionen (in Mrd. LEK)	5,269	4,987	5,508	5,923	6,111	5,445	5,385	5,588	5,363	5,854
Abschreibung (in Mrd. LEK)	1,682	1,736	1,801	1,903	1,982	2,052	2,100	2,146	2,089	2,198
Nettoinvestitionen (in Mrd. LEK)	3,587	3,251	3,707	4,029	4,129	3,393	3,285	3,442	3,280	3,656
Anteil der Netto- investitionen am BIP (in v.H.)	23,1	20,2	22,4	24,0	25,0	20,1	18,9	19,9	19,3	19,5

Quelle: Direktion für Statistik.

14 % betragen haben. Die angesichts des relativ niedrigen Entwicklungsstandes des Landes geringe Investitionsrate in den 80er Jahren reflektiert die Tatsache, daß Albanien auf Entwicklungshilfe- und sonstige Auslandskredite verzichtete. Wie bereits erwähnt, wurden angeblich in den 20 Jahren von 1958-1978 insgesamt 44 % der albanischen Investitionen mittels Krediten zunächst aus den RGW-Ländern und später aus China finanziert. Wenn das stimmt, dürfte durch den nach 1978 erfolgten Verzicht auf Investitionskredite die durchschnittliche jährliche Nettoinvestition stark zurückgegangen sein, weil der Konsum in den 80er Jahren stärker anstieg als das Sozialprodukt, mithin eine verstärkte Kapitalbildung nur zu Lasten des Exports möglich gewesen wäre – der jedoch zur Finanzierung der Importe notwendig war (vgl. Tabellen 16 und 17). So verwundert es nicht, daß der Anteil der Bruttoinvestitionen am BIP rückläufig war (vgl. Tabelle 1.1, (1)); bei stärker steigenden jährlichen Abschreibungsraten stagnierte die Nettoinvestition und ging die Akkumulation zurück (vgl. Tabelle 1.2 (D)), während die Zahl der Beschäftigten kontinuierlich anstieg. Damit ist klar, daß die Investitionstätigkeit während der 80er Jahre quantitativ absolut ungenügend war.

- Offensichtlich war jedoch auch die **Qualität der albanischen Investitionen** in den 80er Jahren unzureichend,
das heißt der üblicherweise mit Neuinvestitionen verbun-
dene Produktivitätseffekt aufgrund des technischen Fort-
schritts kam kaum zum Tragen. Das dürfte damit zusammen-
hängen, daß in den 80er Jahren nur ganz wenige Anlagen im
Ausland gekauft werden konnten. Der für ein kleines und
rückständiges Land wie Albanien so wichtige Import von
technischem Fortschritt mußte nahezu vollkommen unter-
bleiben oder kam nach wie vor überwiegend aus den techno-
logisch relativ rückständigen Ostblockstaaten. Im Durchschnitt kaufte Albanien während dieses Jahrzehnts nur für
rund 46 Mio. US-$ p.a. Anlagen im Ausland. Davon wurden
offenbar weniger als die Hälfte in freien Devisen abge-
rechnet, also vermutlich im Westen gekauft (vgl. Tabelle 20). Nachteilig wirkte sich auch aus, daß gleiche oder
ähnliche Maschinen und Ausrüstungen mal in diesem, mal in
jenem Land gekauft wurden - offenbar eine Folge des Stre-
bens nach bilateralem Handelsbilanzausgleich -, wodurch
es zu einer großen Typenvielfalt kam, mit entsprechenden
Problemen für die Ersatzteilbeschaffung sowie die Wartung
und Instandhaltung.

- Schließlich dürften **Fehlallokationen** in größerem Umfang
die Stagnation bzw. Rückläufigkeit der Produktivität mit
beeinflußt haben. Die Self-Reliance-Strategie bedingte
einen Verzicht auf die Nutzung der sich aus der internationalen Arbeitsteilung ergebenden Vorteile. Sie führte
zu vielfältigen Produktionsaktivitäten mit hoher Ferti-
gungstiefe und sehr kleinen Serien. Dadurch unterblieb
die Ausschöpfung von "economies of scale" sowie die Ausnutzung binnenwirtschaftlicher Spezialisierungsvorteile.
Der Anteil der Bruttoinvestition im landwirtschaftlichen
Sektor an der Gesamtinvestition lag während des gesamten
Zehnjahreszeitraums bei grob um 30 % und damit etwa in
der gleichen Größenordnung wie der der Industrie - in

30

einigen Jahren sogar darüber (vgl. Tabelle 9.2). Hier
macht sich der Einfluß der Selbstversorgungsbestrebungen
mit Nahrungsmitteln - ein Ziel, das höchste Priorität
hatte - bemerkbar. Obgleich der Output pro Beschäftigtem
in der Industrie rund dreimal so hoch war wie in der
Landwirtschaft (vgl. Tabelle 2) - eine Relation, die
allerdings auch von der willkürlichen Preissetzung für
industrielle und landwirtschaftliche Produkte beeinflußt
ist - absorbierte die Landwirtschaft in zunehmendem Maße
Investitionskapital zu Lasten des industriellen Sektors.
Für die Industrie, einen Sektor mit hoher Grenzproduktivität, eigentlich dringend benötigtes Kapital wurde in
den landwirtschaftlichen Sektor geleitet, um dort trotz
sinkender Grenzerträge noch Outputsteigerungen zu ermög-
lichen. Hinzu kam, daß die infolge des Bevölkerungswachs-
tums jährlich zusätzlich auf den Arbeitsmarkt drängenden
Arbeitskräfte von den stets arbeitskräftehungrigen
Betrieben einfach an Ort und Stelle aufgesogen wurden.
Mangelnder Wohnraum in den Städten und Zuzugsverbote ver-
hinderten eine vermehrte Abwanderung aus den ländlichen
Regionen, in denen die Bevölkerung rascher wuchs als
in den Städten. Aufgrund dieser Mobilitätshemmnisse und
der Selbstversorgungsideologie ergab es sich offenbar
mehr oder weniger zwangsläufig, daß immer mehr Kapital in
den relativ unproduktiven landwirtschaftlichen Sektor in-
vestiert wurde.[16]

- Als ein weiterer Faktor, der den Rückgang der Arbeitsproduktivität im vergangenen Jahrzehnt erklärt, kommt hinzu,
  daß im Zuge der 80er Jahre unter dem Einfluß des ausländischen Fernsehens der albanischen Bevölkerung immer
  stärker die Diskrepanz zwischen der eigenen, angeblich
  soviel besseren Lebensweise und dem weitaus höheren Lebensstandard in den Nachbarländern bewußt wurde, wodurch
  die **Arbeitsmoral** zunehmend schlechter wurde.

Lebensstandard

Die tendenziell sinkende Pro-Kopf-Produktion führte in den
80er Jahren zu einem Anstieg des Anteils des privaten
Verbrauchs am Sozialprodukt zu Lasten des Staatsverbrauchs,
der Investitionen und der Exporte (vgl. Tabelle 1.1, (1)).
Doch dieser Anstieg war mit etwas über 30 % im gesamten
Jahrzehnt nur rund 10 % höher als das Bevölkerungswachstum.
Dennoch wäre danach der **Lebensstandard** der albanischen
Bevölkerung – gemessen am privaten Verbrauch pro Kopf der
Bevölkerung – im vergangenen Jahrzehnt wenigstens mit knapp
1 % jährlich gewachsen. Dem steht entgegen, daß man überall
in Albanien zu hören bekommt, die Lebensverhältnisse seien
in den 80er Jahren deutlich schlechter geworden. Offenbar
wurde die Fast-Stagnation von den Menschen subjektiv als
Verschlechterung empfunden, zumal die private Konsumtion
nicht der einzige Faktor ist, der die Lebensqualität determiniert.

In der Tabelle 4 finden sich Angaben über **die durchschnittlichen Monatslöhne und Gehälter** im sozialistischen Sektor
der albanischen Wirtschaft, das war praktisch die gesamte
Volkswirtschaft ohne die (1989) knapp 500 Genossenschaften,
zu denen über 330.000 Familien gehörten.[17] Rund 60 % der
erwerbstätigen Albaner waren im sozialistischen Sektor
tätig. Wie die erste Zeile der Tabelle zeigt, waren die
Durchschnittslöhne in dem gesamten Sektor von 1980 auf 1990
von 420 auf 459 Lek pro Monat gestiegen, das heißt um ganze
9,3 %, durchschnittlich jährlich also um 0,9 %. Da gleichzeitig die Zahl der Erwerbstätigen um rund 27 % anstieg,
sind diese Angaben konsistent mit denen in Tabelle 5, wo-
nach die Einzelhandelsumsätze im abgelaufenen Jahrzehnt um
37 % angestiegen sind. Auch von dieser Seite weist also die
Statistik eine geringfügige Verbesserung der Lebensverhältnisse in den 80er Jahren aus.

Tabelle 4

DURCHSCHNITTLICHE LÖHNE UND GEHÄLTER IM SOZIALISTISCHEN SEKTOR[1]
- LEK pro Monat -

	1975	1980	1981	1982	1983	1984	1985	1986	1987	1988	1989	1990
Sozialist. Sektor insges.	447	420	431	448	449	442	446	451	443	445	466	459
Produktiver Bereich	430	391	405	424	425	416	421	426	417	418	440	437
Land- u. Forstwirtsch.	...	319	343	376	377	364	369	371	354	353	380	376
Industrie	...	517	508	511	510	501	508	514	516	517	527	521
Kommunikation/Transport	...	568	534	547	554	547	541	553	537	540	536	519
Handel u. Versorgung	...	450	443	446	439	447	434	440	448	445	455	457
Bauwesen	...	443	462	443	447	457	462	492	510	523	544	540
andere	...	481	470	483	483	485	486	486	469	513	634	668
Nichtproduktiver Bereich	553	570	569	570	573	573	574	577	579	582	590	591
Bildung	...	591	589	592	590	598	602	607	609	617	622	623
Gesundheit	...	491	491	502	498	500	510	514	515	516	520	523
Öffentl. Dienstleistg.	...	549	544	530	550	529	518	528	550	540	533	540
Wissensch. u. Forschg.	...	...	...	...	...	...	...	601	589	610	611	612
Regierungsbürokratie	...	...	...	...	...	...	...	876	937	937	935	937
andere Organisationen	...	...	...	...	...	...	...	768	746	768	776	778
andere	...	649	651	657	653	660	659	615	587	629	633	631

1 Staatsunternehmen und Staatsformen sowie öffentlicher Dienst (einschließlich Forschung) sowie Bildungs- und Gesundheitswesen; rd. 60 v.H. der Erwerbstätigen sind in diesem Sektor tätig.

Quelle: Direktion für Statistik.

Tabelle 5

EINZELHANDELSUMSÄTZE
1975 - 1990

	1975	1980	1981	1982	1983	1984	1985	1986	1987	1988	1989	1990
(1) Insgesamt (in Tsd. LEK)												
Gesamtvolumen davon:	5973,0	6994,0	7201,3	7626,5	8011,0	8229,6	8262,2	8711,9	8943,0	9133,0	9640,0	9604,2
Lebensmittel	3831,0	4647,4	4756,6	5058,8	5320,0	5506,6	5577,8	5776,7	5945,5	6090,6	6378,7	6381,3
Industriewaren	2042,0	2346,6	2444,7	2567,7	2691,0	2723,0	2684,4	2935,2	2997,5	3042,4	3261,3	3222,9
(2) Index 1975 = 100												
Gesamtvolumen davon:	100,0	119,1	122,6	129,9	136,4	140,1	140,7	148,3	152,3	155,5	164,1	163,5
Lebensmittel	100,0	121,3	124,2	132,0	138,9	143,7	145,6	150,8	155,2	159,0	166,5	164,9
Industriewaren	100,0	114,9	119,7	125,7	131,8	133,3	131,5	143,7	146,8	149,0	159,7	157,8
(3) pro Einwohner												
Gesamtvolumen davon:	2446,3	2619,0	2644,0	2743,0	2822,6	2841,0	2793,7	1888,3	2907,2	2910,4	3019,8	2944,0
Lebensmittel	1595,7	1740,2	1746,2	1819,5	1874,4	1901,0	1886,0	1915,2	1932,8	1940,9	1998,2	1956,1
Industriewaren	850,6	878,8	897,7	923,5	948,2	940,0	907,7	973,1	974,4	969,5	1021,6	987,9

Quelle: Direktion für Statistik.

In der Vergangenheit war es die erklärte Politik der Regierung, die Lebensverhältnisse der Landbevölkerung an die der
Stadtbevölkerung anzugleichen. Dennoch ist nicht zu überse-
hen, daß es nach wie vor krasse Unterschiede im Lebensstandard zwischen der städtischen und der ländlichen Bevölkerung gibt. 66 % der städtischen Familien verfügen über ein
Fernsehgerät, auf dem Land nur 34 %, bei Waschmaschinen ist
dieses Verhältnis 27 % zu 1 %, bei Kühlschränken 28 % zu
3 %.[18]

Auch in den Städten ist der Lebensstandard nach wie vor
sehr niedrig. Darauf deutet auch die aus Tabelle 5 ersicht-
liche Tatsache hin, daß der Anteil der Lebensmittel am
Einzelhandelsumsatz immer noch rund 66 % ausmacht. Nur ein
Drittel der Einzelhandelsumsätze waren Industriegüter. Fo-
toapparate oder Kofferradios sind Luxusgüter, die sich nur
wenige Albaner leisten können. In extremem Maße gilt dies
für Privat-PKWs, die inzwischen zwar erlaubt sind, die aber
nur für Albaner, die über Verwandte Zugang zu Devisen haben, erschwinglich sind.

Einen wenigstens ungefähren Begriff vom gegenwärtigen
– durch die aktuelle Krise gegenüber den 80er Jahren allerdings jüngst noch erheblich abgesunkenen – Lebensstandard
Albaniens erhält man, wenn man einige Nahrungsmittelpreise
in Relation zum Durchschnittseinkommen setzt, das in der
ersten Hälfte 1991 in Tirana vielleicht bei 500-600 Lek gelegen haben mag. Ende Mai kosteten in Tirana:

Milch	(Liter)	3	Lek
Eier	(Stück)	1	Lek
Brot	(kg)	2,5	Lek
Fleisch	(kg)	19,5	Lek
Schafkäse	(kg)	18	Lek
Tomaten	(kg)	10	Lek
Gurken	(kg)	9,6	Lek

Kartoffeln	(kg)	3,5 Lek
Zwiebeln	(kg)	3,5 Lek
Zigaretten	(20 Stück)	zwischen 4 und 5 Lek

Hinzu kommt, daß ein Großteil der hier aufgeführten Nahrungsmittel so knapp ist, daß sie Anfang dieses Jahres rationiert werden mußten. Die Rationierungsmaßnahmen sehen vor, daß eine Familie mit bis zu vier Personen pro Monat je 2 kg Mehl, Reis, Nudeln und Bohnen erhält, je 3 kg Zwiebeln und Sonnenblumenöl, 4 kg Zucker, 5 kg Kartoffeln, 0,5 kg Salatöl und 0,2 kg Kaffee sowie 7 Stück Seife. Hinzu kommen pro Woche pro Familie 10 Eier, 0,5 kg Käse und 1 kg Fleisch. Selbst die rationierten Nahrungsmittel sind nicht immer in ausreichender Menge zu kaufen. Entsprechend sind die Preise auf den Privatmärkten für diese Nahrungsmittel deutlich höher, z.B. für Fleisch bis zu 35 Lek pro kg. Eine Apfelsine kostete auf dem Privatmarkt Ende Mai 5 Lek.

Der **Wohnungsbau** hat mit der Bevölkerungsentwicklung nicht Schritt gehalten. Von einer dem raschen Bevölkerungswachstum entsprechenden Bautätigkeit ist nichts zu sehen. Während die Bevölkerung gegenwärtig durchschnittlich jährlich um rund 60.000 Personen wächst, wurden in den letzten Jahren höchstens 10.000 neue Wohnungen p.a. gebaut, also kommen auf eine vom Staat neugebaute Wohnung rund 6 zusätzliche Einwohner. Inzwischen ist der private Wohnungsbau, der auf dem Land schon bisher immer möglich war, auch in den Städten erlaubt. Insgesamt betrugen die privaten Wohnungsbauinvestitionen (vgl. Tabelle 9, Zeile 4 und Tabelle 10, Zeile 6) in den 80er Jahren rund 40-50 % der staatlichen Wohnungsbauinvestitionen. Ohne diese private Bautätigkeit wäre die Versorgung mit Wohnraum zweifellos noch viel schlechter. In den relativ kleinen 3-4 Zimmer-Wohnungen, meist ohne Bad, leben i.d.R. wenigstens 4-5 Personen. Die Kaltmiete kostet in den Städten um 40 Lek, wobei der gleiche Betrag noch einmal für Strom und Heizung aufzuwenden ist.[19] Die Gesamtaufwendungen für die Wohnung dürften damit allerdings i.d.R. deutlich unter 10 % der Familieneinkommen ausmachen. Offizielle Angaben über den Wohnraum pro Kopf und die Mieten liegen nicht vor.

Überraschend ist die Altersstruktur der Gebäude: Nach dem Statistischen Jahrbuch 1990 wurden 22,3 % der Gebäude 1980 und später errichtet. 53 % des Gebäudebestandes sind 20 Jahre alt oder älter. 47 % der Gebäude sind also noch relativ neu – jedoch zumindest äußerlich fast ausnahmslos in einem wenig guten Erhaltungszustand. Nur 16,4 % der Gebäude verfügen über Leitungswasser. Über 40 % haben nicht einmal einen eigenen Wasserhahn im Garten oder eine eigene Quelle in der Nähe.[20] Nur knapp 30 % der Gebäude verfügen über ein Innen-WC, und nicht einmal die Hälfte sind an die Kanalisation angeschlossen.[21]

Das Rentenalter beginnt in Albanien, von Ausnahmen abgesehen, unabhängig vom Geschlecht mit Vollendung des fünfundfünfzigsten Lebensjahres. 1989 waren knapp 10 % der Bevölkerung im Rentenalter.[22] Die Höhe der Renten beträgt 60 % des letzten Bruttoeinkommens.

Einkommen

Interessant ist ein Blick auf die **Lohn- und Gehaltsstruktur** (vgl. Tabelle 4) während des vergangenen Jahrzehnts. Zunächst fällt auf, daß die Durchschnittseinkommen in der sogenannten nicht-produktiven Sphäre – also im Erziehungs- und Bildungswesen, den wissenschaftlichen Einrichtungen und im öffentlichen Dienst – zwischen 45 % (1980) und 35 % (1990) höher waren als im sogenannten produktiven Sektor. Sodann springt ins Auge, daß die Beschäftigten in der sozialistischen Landwirtschaft – also in den Staatsfarmen und in den staatlichen Forstbetrieben – ein rund 30 % niedrigeres Durchschnittseinkommen hatten als die Beschäftigten in der Industrie. In beiden Fällen fand in den letzten 10 Jahren eine gewisse Angleichung statt. Doch die Disparitäten waren und blieben durchaus beträchtlich. Die Durchschnittseinkommen in der sozialistischen Land- und Forstwirtschaft – dem Sektor mit dem niedrigsten Durchschnittseinkommen – erreichten nur 40 % der Durchschnittsgehälter in dem Sektor mit dem höchsten Durchschnittseinkommen, der zentralen Staatsbürokratie; somit war die Relation der niedrigsten zu den höchsten Durchschnittseinkommen im sozialistischen Sektor der albanischen Wirtschaft 1 : 2,5. Damit wird klar, daß die oft zu lesende Behauptung, in Albanien seien die Spitzengehälter nur maximal doppelt so hoch wie die niedrigsten Individualeinkommen gewesen, so nicht stimmt. Die Regel, die zu diesem Irrtum verleitete, lautete, daß innerhalb der gleichen Betriebe bzw. "Arbeitseinheiten" die Spitzeneinkommen maximal doppelt so hoch sein durften wie das Durchschnittseinkommen. Das bedeutet, daß das Verhältnis vom niedrigsten zum höchsten Individualeinkommen in Albanien durchaus weit höher sein konnte als 1 : 2. Dafür ein Beispiel: Bei einem Durchschnittseinkommen von angenommen 700 Lek, z.B. in einem Ministerium, konnte der Minister immerhin ein Einkommen in Höhe von bis zu 1.400 Lek pro Monat beziehen. Bezogen auf die niedrigsten Einkommen in der kooperativen Landwirtschaft, die unter 300 Lek lagen, verdiente dieser Minister also etwa das Fünffache wie ein Arbeiter in einer ländlichen Genossenschaft. Hinzu kamen für den Minister – wie für alle Angehörigen der Nomenklatura – viele Vergünstigungen, die Einkommenscharakter haben, wie z.B. Diensttelefon zu Hause und die Möglichkeit, einen Dienst-Pkw oder den Fahrdienst der Regierung zu nutzen. Auch gab es für die Angehörigen bestimmter Berufsgruppen, z.B. hohe Beamte oder Professoren, die Möglichkeit, für bestimmte Tätigkeiten ein zweites Einkommen zu beziehen. Damit wird deutlich, daß es auch in Albanien durchaus bemerkenswerte **soziale Unterschiede** gab.

Bevölkerung, Arbeitskräftepotential und Beschäftigung

Die albanische Bevölkerung ist im vergangenen Jahrzehnt durchschnittlich jährlich um etwa 2 % gewachsen (genauer, um 1,91 %; vgl. Tabelle 6). Diese Wachstumsrate liegt leicht höher als das durchschnittliche jährliche Bevölkerungswachstum der 96 Länder mit niedrigem und mittlerem Einkommen für den gleichen Zeitraum, die gegenüber der Weltbank berichten. Also auch nach dem Kriterium **Bevölkerungswachstum** ist Albanien eindeutig ein Entwicklungsland. Noch stärker als die Gesamtbevölkerung ist die Bevölkerung im erwerbsfähigen Alter (Erwerbsbevölkerung) gestiegen, nämlich um rund 2,5 % durchschnittlich jährlich. Der Anteil der **Erwerbstätigen** an der Gesamtbevölkerung hat von 1980-1990 um fast 2 Prozentpunkte zugenommen; der Anteil der inaktiven Bevölkerung (Rentner, Studenten, Soldaten etc.) ging von 10,8 % 1980 auf 9,3 % 1990 stetig zurück, entsprechend nahm der Anteil der Erwerbspersonen an der Gesamtbevölkerung um über 3 Prozentpunkte zu - das heißt das Arbeitspotential wuchs stärker als die Gesamtbevölkerung und wurde bei tendenziell leicht steigender Arbeitslosigkeit in den Produktionsprozeß eingeschleust. Insgesamt stieg die Beschäftigung von 1980 auf 1990 um 292.400 Personen an.

Die **Arbeitslosigkeit** ist in Zeile 6 der Tabelle 6 ausgewiesen. Sie hat sich im Betrachtungszeitraum von knapp 100.000 Personen auf etwas über 200.000 verdoppelt. Der Begriff "Arbeitslose" wurde allerdings bis vor kurzem vermieden. Bei den Nicht-Erwerbstätigen wird unterschieden zwischen "Arbeitssuchenden", das sind vorübergehend Arbeitslose, die von ihrer Qualifikation her als in den Arbeitsprozeß integrierbar gelten, und den übrigen "Nicht-Erwerbstätigen", das heißt solchen Menschen, die nicht arbeiten wollen bzw. wegen geringer Qualifikation und den objektiven Mobilitätshemmnissen dort, wo sie leben, keine

Tabelle 6

BEVÖLKERUNG, ARBEITSKRÄFTEPOTENTIAL UND BESCHÄFTIGUNG

	1975		1980		1981		1982		1983		1984	
	abso-lut	in % der Ges.-bev.	abso-lut	in % der Ges.-bev.	abso-lut	in % der Ges.-bev.	abso-lut	in % der Ges.-bev.	abso-lut	in % der Ges.-bev.	abso-lut	in % der Ges.-bev.
1) Gesamtbevölkerung (in 1000)	2427,3	100	2696,9	100	2750,5	100	2810,0	100	2866,1	100	2972,3	100
(2) Bev. im nicht-erwerbs-fähigen Alter	1152,8	47,5	1211,6	44,9	1227,0	44,6	1241,4	44,2	1251,9	43,7	1263,9	42,5
(3) Erwerbsbevölkerung (Bev. im erwerbsfähigen Alter) (1 - 2)	1274,5	52,5	1485,3	55,1	1523,5	55,4	1568,6	55,8	1614,3	56,3	1663,44	56,8
(4) Inaktive Bevölkerung	290,5	12,0	292,2	10,8	292,2	10,6	295,7	10,5	296,7	10,4	304,9	10,4
(5) Erwerbspersonen (3 - 4)	984,0	40,5	1193,1	44,2	1231,3	44,8	1272,9	45,3	1317,6	46,4	1358,5	46,4
(6) Nicht-Erwerbstätige	79,1	3,3	99,8	3,7	97,2	3,5	82,5	2,9	96,8	4,0	116,3	4,0
davon: Arbeitssuchende	16,5	0,7	19,5	0,7	21,5	0,7	17,4	0,6	21,2	0,9	25,5	0,9
(7) Erwerbstätige	904,9	37,3	1093,3	40,5	1134,1	40,5	1190,4	42,4	1221,8	42,4	1242,1	42,4
(8) Arbeitslosenquote (6/5)	8,0		8,4		7,9		6,5		7,3		8,6	
(9) Anteil der Erwerbspersonen an der Erwerbsbevölkerung (5/3)	77,2		80,3		80,8		81,1		81,6		81,7	

Tabelle 6 Fortsetzung

	1 9 8 5 abso-lut	1 9 8 5 in % der Ges.-bev.	1 9 8 6 abso-lut	1 9 8 6 in % der Ges.-bev.	1 9 8 7 abso-lut	1 9 8 7 in % der Ges.-bev.	1 9 8 8 abso-lut	1 9 8 8 in % der Ges.-bev.	1 9 8 9 abso-lut	1 9 8 9 in % der Ges.-bev.	1 9 9 0 abso-lut	1 9 9 0 in % der Ges.-bev.
1) Gesamtbevölkerung (in 1000)	2987,5	100	3044,9	100	3107,3	100	3168,9	100	3229,6	100	3262,3	100
(2) Bev. im nicht-erwerbs-fähigen Alter	1282,2	42,9	1299,2	42,7	1322,9	42,6	1341,3	42,3	1368,8	42,4	1369,3	42,0
(3) Erwerbsbevölkerung (Bev. im erwerbsfähigen Alter) (1 - 2)	1705,3	57,1	1745,7	57,3	1784,5	57,4	1827,7	57,7	1860,7	57,6	1893,0	58,0
(4) Inaktive Bevölkerung	306,3	10,3	308,7	10,1	309,1	9,9	312,9	9,9	307,3	9,5	302,0	9,3
(5) Erwerbspersonen (3 - 4)	1399,0	46,8	1437,0	47,2	1475,4	47,5	1514,8	47,8	1553,4	48,1	1591,0	48,8
(6) Nicht-Erwerbstätige davon:	133,2	4,5	131,7	4,3	130,3	4,2	146,4	4,6	156,8	4,9	205,3	6,3
Arbeitssuchende	30,9	1,0	37,1	1,2	30,3	1,0	30,3	1,0	28,7	0,9	33,2	1,0
(7) Erwerbstätige	1265,8	42,4	1305,3	42,9	1345,1	43,3	1368,4	43,2	1396,6	43,2	1385,7	42,5
(8) Arbeitslosenquote (6/5)	9,5		9,2		8,8		9,7		10,1		—	—
(9) Anteil der Erwerbspersonen an der Erwerbsbevölkerung (5/3)	82,0		82,3		82,7		82,9		83,5		—	—

Quelle: Direktion für Statistik.

41

Arbeitsmöglichkeiten finden. Die **Arbeitslosenquote** betrug während der gesamten 80er Jahre im Durchschnitt 8,6 % und schwankte zwischen 6,5 % und 10,1 %. Rund 80 % der Arbeitslosen galten dabei in jedem Jahr offenbar als auf Dauer nicht in den Arbeitsprozeß integrierbar; das waren 1980 noch 3 %, 1990 dagegen schon 5,3 % der Gesamtbevölkerung.

Bildung und Ausbildung

Angaben über die **qualitative** Entwicklung des **albanischen Humankapitals** macht das Statistische Jahrbuch. Danach hatten 1980 6,7 % der Bevölkerung weiterführende Schulen besucht (8. bis 12. Schuljahr), während es 1989 11,5 % waren.[23] Dabei stieg die Zahl der Schüler in höheren Schulen, die eine Berufsausbildung (z.B. Elektromechaniker, Industriechemiker etc.) vermitteln, den berufsbildenden Sekundarschulen, deutlich stärker als die in allgemeinbildenden Sekundarschulen, die direkt zum Hochschulstudium führen. Dadurch veränderte sich die Relation zwischen Schülern in allgemein- und in berufsbildenden höheren Schulen von 1 : 2,76 auf 1 : 3,86.[24]

Zwischen 1980 und 1989 nahm die Zahl der Erwerbstätigen mit höherer Schulbildung von weniger als 50.000 auf über 75.000 zu, genauer um 60 %.[25] 1980 verfügten rund 4,3 % der Erwerbstätigen über eine höhere allgemeine Schulbildung, 1989 waren es 5,4 %.[26] Eine berufsbildende Sekundarschule besuchten 1980 12 % der Erwerbstätigen, 1989 21,1 %.[27] Die größte Gruppe dieser Personen war 1989 im Bereich der Industrie und im Bausektor in technischen Berufen tätig (36,3 %); 33 % waren Agronomen, 8,8 % waren im Bereich von Erziehung und Kultur tätig, 5,5 % in der Wirtschaftsverwaltung und 3,3 % im Gesundheitswesen.[28] Bemerkenswert ist, daß der Anteil der in der Industrie und im Bauwesen tätigen Absolventen von berufsbildenden Sekundarschulen schon 1980

Tabelle 7

PRODUKTION UND BESCHÄFTIGUNG NACH SEKTOREN

	1980	1981	1982	1983	1984	1985	1986	1987	1988	1989
(I) BIP (in Mrd. LEK, lfd.Preise)	15,538	16,073	16,544	16,725	16,510	16,863	17,390	17,253	17,008	18,681
(II) Erwerbstätigkeit insg. (in Tsd.)	1.122	1.161	1.216	1.252	1.279	1.218	1.341	1.381	1.405	1.431
(A) Produktiver Bereich Nettoproduktion (in Mrd. LEK)	12,862	13,264	13,625	13,697	13,300	13,602	14,013	13,699	13,631	15,223
Beschäftigte (In Tsd.)	944	976	1.022	1.051	1.071	1.058	1.127	1.158	1.173	1.192
Anteil am BIP (in v.H.)	82,7	82,5	82,3	81,9	80,6	80,7	80,6	79,4	80,1	81,5
Anteil der Beschäftigten (in v.H.)	84,1	84,1	84,0	83,9	83,7	81,5	84,0	83,8	83,5	83,3
(1) Industrie (Nettoproduktion in Mrd. LEK)	5,782	5,704	5,968	5,928	5,848	5,886	6,1196	6,276	6,310	6,322
Beschäftigte (in Tsd.)	238	249	263	271	277	281	292	307	312	325
Anteil am BIP (in v.H.)	37,2	35,5	36,0	35,4	35,4	34,9	35,6	36,4	37,1	36,5
Anteil der Beschäftigten (in v.H.)	21,2	21,4	21,6	21,6	21,7	21,6	21,8	22,2	22,2	22,7

Tabelle 7 Fortsetzung

	1980	1981	1982	1983	1984	1985	1986	1987	1988	1989
(2) Land- und Forstwirtschaft (Nettoproduktion in Mrd. LEK)	4,319	4,292	4,314	4,665	4,399	4,703	4,768	4,550	4,296	4,919
Beschäftigte (in Tsd.)	559	577	597	615	631	645	672	696	706	707
Anteil am BIP (in v.H.)	27,7	26,7	26,0	27,9	26,6	27,9	27,4	26,4	25,3	26,3
Anteil der Beschäftigten (in v.H.)	49,8	49,7	49,1	49,1	49,3	49,7	50,1	50,4	50,2	49,4
(3) Bauwirtschaft	0,891	0,939	1,041	1,070	1,065	0,979	0,936	0,879	0,891	0,989
Beschäftigte (in Tsd.)	98	99	108	109	106	101	102	95	95	99
Anteil am BIP (in v.H.)	5,7	5,8	6,3	6,4	6,4	5,8	5,4	5,1	5,2	5,3
Anteil der Beschäftigten (in v.H.)	8,8	8,5	8,9	8,7	8,3	7,8	7,6	6,9	6,8	6,9

Tabelle 7 Fortsetzung

	1980	1981	1982	1983	1984	1985	1986	1987	1988	1989
(4) Transport u.Kommunikation	0,372	0,375	0,446	0,457	0,461	0,446	0,480	0,479	0,498	0,517
Beschäftigte (in Tsd.)	22	24	26	27	28	29	31	31	30	29
Anteil Output (in v.H.)	2,4	2,3	2,7	2,7	2,8	2,6	2,8	2,8	2,9	2,8
Anteil der Beschäftigten (in v.H.)	2,0	2,1	2,1	2,2	2,2	2,2	2,3	2,2	2,1	2,0
(5) Binnenhandel	0,532	0,585	0,603	0,612	0,621	0,604	0,621	0,672	0,635	0,637
Beschäftigte (in Tsd.)	19	20	20	21	21	21	22	21	22	25
Anteil Output (in v.H.)	3,4	3,6	3,6	3,7	3,8	3,6	3,6	3,9	3,7	3,4
Anteil der Beschäftigten (in v.H.)	1,7	1,7	1,6	1,7	1,6	1,6	1,6	1,5	1,6	1,7
(6) Außenhandel	0,687	1,058	0,983	0,694	0,627	0,702	0,727	0,550	0,720	1,042
Anteil Output (in v.H.)	4,4	6,6	5,9	4,0	3,8	4,2	4,2	3,2	4,2	5,6

Tabelle 7 Fortsetzung

	1980	1981	1982	1983	1984	1985	1986	1987	1988	1989
(7) Andere	0,279	0,311	0,207	0,291	0,279	0,369	0,282	0,285	0,293	0,297
Anteil Output (in v.H.)	1,8	1,9	1,2	1,7	1,7	2,2	1,6	1,6	1,7	1,6
(B) Nicht-produktiver Bereich insgesamt (in Mrd. LEK)	2,676	2,809	2,919	3,028	3,210	3,261	3,377	3,554	3,377	3,458
Beschäftigte (in Tsd.)	178	185	194	201	208	213	214	223	232	239
Anteil am BIP (in v.H.)	17,2	17,5	17,6	18,1	19,4	19,3	19,4	20,6	19,8	18,5
Anteil der Beschäftigten (in v.H.)	15,9	15,9	15,9	16,0	16,3	116,4	16,0	16,1	16,5	16,7

Quelle: Direktion für Statistik; eigene Berechnungen (Anteilswerte).

bei rund 36 % gelegen hatte, während der der Agronomen damals (mit rund 22 %) noch wesentlich niedriger gewesen war.[29]

1989 gab es in Albanien nur 26.000 Studenten.[30] Davon studierten etwa die Hälfte an der Universität von Tirana; etwa 2.800 an der ökonomischen Fakultät, immerhin 3.600 an der technischen Fakultät, knapp 2.000 Medizin und etwa ebenso viele Naturwissenschaften. Bei der Landwirtschaftshochschule vor den Toren Tiranas waren rund 5.000 Studenten eingeschrieben, etwa 5.500 studierten an den pädagogischen Hochschulen, 664 an der Kunsthochschule und ebenso viele an der Sporthochschule.

Die große Masse der albanischen Bevölkerung verfügt nur über eine achtjährige Grundschulbildung. Nur etwas mehr als 20 % der gegenwärtig Erwerbstätigen haben eine vierjährige berufsbildende Sekundarschule – eine Art Mittelding zwischen unserer Berufsschule und Fachhochschule – besucht. Über die Zahl der Beschäftigten mit Hochschulbildung werden keine Angaben gemacht. Daß diese außerordentlich gering sein muß, ergibt sich daraus, daß der Anteil der Studenten an der Gesamtbevölkerung 1989 nur 0,8 % betrug. Im ganzen Land gab es nur 101 Professoren, 102 habilitierte Wissenschaftler, 226 höherqualifizierte wissenschaftliche Mitarbeiter, 423 Dozenten und 1.165 Promovierte. 1989 wurden ganze 6 Professoren neu bestallt, habilitierten sich 24 Wissenschaftler und promovierten nur 90.[31]

2. Produktionsstruktur

Gemessen an seinem Beitrag zum Bruttoinlandsprodukt war der industrielle Sektor (mit rund 37 %) der bedeutendste Sektor der albanischen Wirtschaft. Der Anteil der Land- und Forstwirtschaft an der volkswirtschaftlichen Nettoproduktion betrug dagegen während des ganzen Jahrzehnts 26-27 %, gefolgt

Tabelle 8

BESCHÄFTIGTE NACH SEKTOREN
- in Tsd., durchschnittl. jährl. -

	1975	1980	1981	1982	1983	1984	1985	1986	1987	1988	1989	1990
Erwerbstätige insgesamt	893	1122	1161	1216	1252	1279	1298	1341	1381	1405	1431	1437
Produktive Sektoren insg.	772	944	976	1022	1051	1071	1085	1127	1158	1173	1192	1190
davon:												
Land- u.Forstwirtsch.	457	559	577	597	615	631	645	672	696	706	707	705
Industrie	180	238	249	263	271	277	281	292	307	312	325	325
Transp. u.Kommunikation	19	22	24	26	27	28	29	31	31	30	29	29
Binnenhandel	17	19	20	20	21	21	21	22	21	22	25	25
Bauwirtschaft	92	99	99	108	109	106	101	102	95	95	99	99
Andere	7	7	7	8	8	8	8	8	8	7	7	7
Nichtproduktive Sektoren	121	178	185	194	201	208	213	214	223	232	239	247
davon:												
Bildungswesen	43	50	51	52	54	56	56	57	59	61	63	65
Gesundheitswesen	24	33	33	34	35	35	36	38	38	39	41	43
Öffentl.Dienstleistungen	37	41	45	48	52	54	56	54	58	64	65	67
Wiss. Einrichtungen								2	3	3	3	3
Regierung								9	10	12	11	11
Andere Organisationen								4	4	4	4	4
Andere	17	54	56	60	60	63	65	50	51	49	52	54
Anteil der Frauen an den Erwerbstätigen (in v.H.)	47,3	45,9	46	46	46,5	46,6	46,6	46,7	46,9	46,8	46,7	46,9
Anteil der Erwerbstätigen im sozialist. Sektor (in v.H.)	56,4	57,1	57	57	57,4	57,9	58	58,4	58,8	59,5	60,3	61,9
Anteil der Erwerbstätigen im genossenschaftl. Sektor (in v.H.)	43,6	42,9	43	43	42,6	42,1	42	41,6	41,2	40,5	39,7	38,1
Durchschnittl. Wochenarbeitszeit (Std.)	48	48	48	48	48	48	48	48	48	48	48	48

Quelle: Direktion für Statistik.

48

von der Bauwirtschaft mit zwischen 5,1 und 6,4 % und der Exportwirtschaft, die immerhin zwischen 3,8 und 6,6 % des Inlandsprodukts ausmachte , dem Binnenhandel mit leicht unter 4 % sowie dem Transport- und Kommunikationssektor, dessen Anteil unter 3 % blieb (vgl. Tabelle 7).

Der **Primärsektor**, bestehend aus Landwirtschaft, Energiewirtschaft, Kohlebergbau und Rohstoffgewinnung, dürfte somit einen Anteil von etwa einem Drittel am albanischen Sozialprodukt haben. Stromerzeugung, Ölförderung, Kohlebergbau, Chrom-, Kupfer-, und Eisen-Nickelförderung und Weiterverarbeitung zusammen haben nach Tabelle 11 einen Anteil von etwas weniger als 20 % an der albanischen Industrieproduktion; doch ist darin auch die Weiterverarbeitung der Rohstoffe, soweit sie im Lande stattfindet, eingeschlossen. Wie groß die Wertschöpfung in den weiterverarbeitenden Betrieben ist, ist nicht bekannt. Sie wurde hier mit rund der Hälfte der gesamten Wertschöpfung der genannten "Industrien" - möglicherweise zu hoch! - angesetzt. Auch der Anteil des **Tertiärsektors** läßt sich nur ungenau schätzen. Er betrug in den 80er Jahren wohl knapp rund 25 %. Dieser Anteil ergibt sich, wenn man zum nicht-produktiven Bereich die Sektoren Transport und Kommunikation sowie Binnenhandel, die nach westlicher Definition dem Tertiärsektor zugerechnet werden, addiert. Danach liegt der Anteil des **Sekundärsektors**, das heißt des sogenannten produzierenden Gewerbes und der Bauwirtschaft, am Gesamtoutput bei insgesamt rund 42 %.

Vergleicht man die albanische Produktionsstruktur mit der[32] anderer Länder auf der Grundlage der Weltbanknomenklatur, so hat Albanien - mit einem **Landwirtschaftsanteil** von etwas über 25 %, einem "**Industrieanteil**" (einschließlich industrieller Urproduktion und Bauwirtschaft) von fast 50 % - wobei, bezogen auf das BIP, rund 30 % dem produzierenden Gewerbe (manufacturing) zuzurechnen sind - und einem

Geographisches Institut
der Universität Kiel

Dienstleistungsanteil von gleichfalls etwa 25 % eine recht eigenartige Produktionsstruktur. Einen vergleichbar niedrigen Anteil des Dienstleistungssektors weisen nur Länder aus der Gruppe mit niedrigem Einkommen auf, z.B. Tansania, Somalia, Nepal, Uganda, Laos und China. Einen Industrieanteil von um oder über 50 % weisen dagegen in der Gruppe mit niedrigem und mittlerem Einkommen nur Jugoslawien, Brasilien und Gabun aus. Bei den anderen Ländern mit mittlerem und hohem Einkommen - mit Ausnahme Kuwaits, der Vereinigten Arabischen Emirate, der Bundesrepublik sowie Norwegens und Österreichs - ist der Industrieanteil wegen des Gewichts des Dienstleistungssektors geringer. Der relativ hohe Anteil der landwirtschaftlichen Produktion an der Gesamtproduktion reflektiert sowohl den niedrigen Entwicklungsstand des Landes als auch den Versuch, in der Nahrungsmittelversorgung autark zu werden, sowie die für sozialistische Länder typische Unterentwicklung des Dienstleistungssektors. So verwundert es nicht, daß von den über 120 Ländern in Tabelle 3 des Weltentwicklungsberichtes 1990 die Strukturindikatoren Chinas (mit Landwirtschaft 32 % : Industrie 46 % : Dienstleistungen 21 %) und Jugoslawiens (mit 14 : 49 : 37) die größte Ähnlichkeit mit den albanischen Strukturindikatoren aufweisen. Der geringe Dienstleistungsanteil am BIP weist Albanien als sozialistisches Land aus, der relativ hohe Agraranteil als Entwicklungsland, und der sehr hohe Industrieanteil reflektiert einerseits die Bedeutung des Rohstoffsektors, andererseits die über 45 Jahre unter großen Opfern verfolgte Industrialisierungspolitik mit Vorrang für die Schwerindustrie. Hier wird deutlich, daß die Wirtschaftsstruktur des Landes sehr stark durch das sozialistische System und die stalinistische Entwicklungsstrategie geprägt wurde und deshalb vermutlich den komparativen Vorteilen des Landes in ganz erheblichem Ausmaß nicht entspricht.

Bemerkenswert ist sodann, daß in den 80er Jahren **die Sektorstruktur** der albanischen Wirtschaft **eine auffallende Konstanz** aufweist. Die Anteile am BIP haben sich in den Jahren, für die Zahlen vorliegen (vgl. Tabelle 7), nicht nennenswert verändert. Auch dieses Faktum ist ein Indiz für die Stagnation der albanischen Wirtschaft im vergangenen Jahrzehnt, da intensives Wachstum Strukturwandel impliziert bzw. voraussetzt.

Für den gleichen Befund spricht auch die erstaunliche **Konstanz der Beschäftigtenanteile in den einzelnen Sektoren** im betrachteten Zeitraum. Offenbar wurde die bestehende Beschäftigtenstruktur von der Planungsbürokratie in den 80er Jahren durch einfache Fortschreibung konserviert. Eine bewußte Strukturpolitik - angeblich die Stärke der Planwirtschaft - fand offenbar nicht mehr statt. Der Anteil der Beschäftigten in der **Industrie** an den Gesamtbeschäftigten hat nur um ganze 1,5 Prozentpunkte zugenommen, während der Industrieanteil an der Produktion stagnierte bzw. leicht rückläufig gewesen ist, was sich in der in Tabelle 2 ausgewiesenen gesunkenen Produktivität niedergeschlagen hat. Der Anteil der Beschäftigten in der **Land- und Forstwirtschaft** blieb konstant, während der Anteil dieses Sektors am Gesamtoutput mit leicht sinkender Tendenz stagnierte, wodurch sich auch hier ein leichter Produktivitätsrückgang ergab. Der Anteil der Beschäftigten in der **Bauwirtschaft** war in der zweiten Hälfte der 80er Jahre ebenso leicht rückläufig wie der Output, letzterer jedoch geringer als ersterer, so daß über den ganzen Zeitraum gesehen die Produktivität in diesem Sektor eine geringfügig ansteigende Tendenz erkennen läßt (vgl. Tabelle 2). Im nicht-produktiven Bereich, das heißt im **Dienstleistungssektor** (ohne die sogenannten produktiven Dienstleistungen Transport und Kommunikation und Handel), stieg dagegen der Anteil der Beschäftigten an der Gesamtbeschäftigung geringfügiger an als der Anteil am Output; daraus jedoch auf eine Erhöhung der Produktivität zu

Tabelle 9.1

BRUTTOINVESTITIONEN IN PREISEN VON 1986
- in Mio. LEK -

	1975	1980	Ver.-änd. geg. 1975 in %	1981	Ver.-änd. geg. Vorj. in %	1982	Ver.-änd. geg. Vorj. in %	1983	Ver.-änd. geg. Vorj. in %	1984	Ver.-änd. geg. Vorj. in %
(A) Produktiver Bereich											
Insgesamt	2.762	3.011	+9,0	3.363	+11,7	3.581	+6,5	3.775	+5,4	3.805	+0,8
(1) Landwirtschaft	881	1.004	+14,0	1.280	+27,5	1.384	+8,1	1.417	+2,4	1.357	-4,2
(2) Stromversorgung	93	142	+52,4	115	-19,0	168	+46,1	265	+57,7	409	+54,3
(3) Industrie (ohne Energiewi.)	1.144	1.129	-1,3	1.290	+14,3	1.179	-8,6	1.270	+7,7	1.289	+1,5
darunter:											
Bergbau	309	308	-0,3	323	+4,9	424	+31,3	415	-2,1	402	-3,1
Verkehr	201	314	+56,2	269	-14,3	281	+4,5	267	-5,0	224	+16,1
Handel	54	42	-22,2	35	-16,7	58	+65,7	46	-20,7	41	-10,9
(B) Nicht-Produktiver Bereich											
Insgesamt	503	917	+82,3	695	-24,2	815	+17,3	781	-4,2	700	-10,4
(4) Wohnungen	140	197	+40,7	192	-2,5	247	+28,6	257	+4,0	215	-16,3
(5) Andere	363	720	+98,3	503	-30,1	568	+12,9	524	+7,7	485	-7,4
(C) Insgesamt	3.265	3.928	+20,3	4.058	+3,3	4.396	+8,3	4.556	+3,6	4.505	-1,1

52

Tabelle 9.1 Fortsetzung

	1985	Ver.-änd. geg. Vorj. in %	1986	Ver.-änd. geg. Vorj. in %	1987	Ver.-änd. geg. Vorj. in %	1988	Ver.-änd. geg. Vorj. in %	1989	Ver.-änd. geg. Vorj. in %	1990	Ver.-änd. geg. Vorj. in %
(A) Produktiver Bereich												
Insgesamt	3.432	-9,8	3.555	+3,6	3.647	+2,6	3.702	+1,5	4.183	+13,0	3.430	-18,0
(1) Landwirtschaft	1.253	-7,7	1.357	+8,3	1.330	-2,0	1.356	+2,0	1.526	+12,5	1.373	-10,0
(2) Stromversorgung	400	-2,2	161	-59,8	182	+13,0	94	-48,4	106	+12,8	104	-1,9
(3) Industrie (ohne Energiewi.)	1.078	-16,4	1.233	+14,4	1.326	+7,5	1.429	+7,8	1.758	+23,0	1.231	-30,0
darunter:												
Bergbau	435	+8,2	451	+3,7	489	+8,4	513	+4,9	420	-18,1	435	+3,6
Verkehr	166	-25,9	212	+27,7	210	-0,9	214	+1,9	260	+21,5	180	-30,8
Handel	34	-17,1	41	+20,6	48	+17,1	50	+4,2	53	+6,0	58	+9,4
(B) Nicht-Produktiver Bereich												
Insgesamt	675	-3,6	697	+3,6	704	+1,0	730	+3,7	732	+0,3	787	+7,5
(4) Wohnungen	220	+2,3	229	+4,1	235	+2,6	227	-3,4	238	+4,8	237	-0,4
(5) Andere	455	-6,2	468	+2,9	469	+0,2	503	+7,2	492	-2,2	550	+11,8
Insgesamt	4.107	-8,8	4.252	+3,5	4.351	+2,3	4.432	+1,9	4.915	+10,9	4.217	-14,2

Quelle: Direktion für Statistik.

Tabelle 9.2

BRUTTOINVESTITIONEN IN LAUFENDEN PREISEN
- in Mio. LEK, laufende Preise -

	1975	1980	1981	1982	1983	1984	1985	1986	1987	1988	1989	1990
(A) Produktiver Bereich												
Insgesamt	2.940	3.150	3.684	3.814	4.054	4.088	3.681	3.555	3.647	3.702	4.183	3.430
Anteile an C (i.v.H.)	84,4	77,1	82,8	81,3	83,0	84,4	83,6	83,6	83,8	83,5	85,1	81,3
(1) Landwirtschaft	865	1.075	1.343	1.430	1.467	1.406	1.286	1.357	1.330	1.356	1.526	1.373
Anteil (i.v.H.)	24,8	26,3	30,2	30,5	30,0	29,0	29,2	31,9	30,6	30,6	31,0	32,6
(2) Stromversorgung	98	147	115	168	265	409	400	161	182	94	106	104
Anteil (i.v.H.)	2,8	3,6	2,6	3,6	5,4	8,4	9,1	3,8	4,2	2,1	2,2	2,5
(3) Industrie (ohne Energiewi.)	1.203	1.156	1.484	1.317	1.460	1.477	1.267	1.233	1.326	1.429	1.758	1.231
Anteil (i.v.H.)	34,5	28,3	33,4	28,1	29,9	30,5	28,8	29,0	30,5	32,2	35,8	29,1
darunter:												
Bergbau	329	326	323	424	415	402	435	451	489	513	420	435
Anteil (i.v.H.)	9,4	8,0	7,3	9,0	8,5	8,3	9,9	10,6	11,2	11,6	8,5	10,3
Verkehr	266	359	319	317	300	255	183	212	210	214	260	180
Anteil (i.v.H.)	7,6	8,8	7,2	6,8	6,1	5,3	4,2	5,0	4,8	4,8	5,3	4,3
Handel	58	43	40	64	50	44	37	41	48	50	53	58
Anteil (i.v.H.)	1,7	1,1	0,9	1,4	1,0	0,9	0,8	1,0	1,1	1,1	1,1	1,4
(B) Nicht-Produktiver Bereich												
Insgesamt	541	936	764	879	831	756	723	697	704	730	732	787
Anteil an C (i.v.H.)	15,5	22,9	17,2	18,7	17,0	15,6	16,4	16,4	16,2	16,5	14,9	18,6
(4) Wohnungen	170	210	207	266	277	232	237	229	235	227	238	237
Anteil (i.v.H.)	4,9	5,1	4,7	5,7	5,7	4,8	5,4	5,4	5,4	5,1	4,8	5,6
(5) Andere	371	726	557	613	554	524	486	468	469	503	494	550
Anteil (i.v.H.)	10,7	17,8	12,5	13,1	11,3	10,8	11,0	11,0	10,8	11,3	10,1	13,0
(C) Insgesamt	3.481	4.086	4.448	4.693	4.885	4.844	4.404	4.252	4.351	4.432	4.915	4.217

Quelle: Direktion für Statistik.

schließen, wäre verkehrt, da in diesem Bereich der Output bekanntlich wesentlich aus den Lohn- und Gehaltszahlungen berechnet wird. So reflektiert der hier ausgewiesene Outputanstieg vor allem den leichten Anstieg der durchschnittlichen Löhne und Gehälter (vgl. Tabelle 4).

Ausdruck der staatlichen Strukturpolitik in der Planwirtschaft sind die relativen Anteile der **Bruttoinvestitionen nach Sektoren** (vgl. Tabelle 9). Die Tabelle 9.2. läßt eine weitgehende Konstanz der Anteile sowohl der **Landwirtschaft** als auch der **Industrie** an den Gesamtinvestitionen erkennen. Beide Sektoren zusammengenommen absorbierten in jedem Jahr rund 60 % der albanischen Gesamtinvestitionen (in dem Ausnahmejahr 1989 sogar zwei Drittel). Über den ganzen Zeitraum floß etwa gleichviel Investitionskapital in die Landwirtschaft wie in die Industrie. Dies, obgleich während des gesamten Zeitraums nur rund ein Viertel des albanischen Sozialprodukts in der Landwirtschaft (mit leicht rückläufiger Tendenz), dagegen ein Drittel (mit leicht steigender Tendenz) in der Industrie erwirtschaftet wurde. Die Investitionen in der Landwirtschaft brachten mithin einen deutlich geringeren Outputzuwachs pro zusätzlich eingesetzter Kapitaleinheit, als dies in der Industrie der Fall gewesen ist. Mit einem durchschnittlichen jährlichen Wachstum der Bruttoinvestitionen von 0,9 % wurde im Industriesektor ein durchschnittliches jährliches Outputwachstum von etwa 1 % (Tabelle 11) erzielt, während in der Landwirtschaft eine durchschnittliche jährliche Zunahme der Bruttoinvestitionen um ca. 3,2 % nur ein Outputwachstum von rund 1,4 % im Jahresdurchschnitt (1980-1989; vgl. Tabelle 7) bewirkte. Die Grenzproduktivität des Kapitals war somit in der Industrie nahezu konstant, während sie in der Landwirtschaft zurückging.

Um ein stärkeres Wachstum zu erzielen, wäre es also notwendig gewesen, verstärkt im industriellen Sektor zu investieren[33] und dafür die Investitionen in die Landwirtschaft zu kürzen. Letzteres war aber nicht möglich, wenn Nahrungsmittelimporte um jeden Preis vermieden werden sollten, zumal es dafür an Devisen fehlte. Das Investitionsvolumen war insgesamt zu gering, um gleichzeitig die landwirtschaftliche Produktion durch vermehrten Kapitaleinsatz in dem Maße zu steigern, wie es für die Ernährung der wachsenden Bevölkerung notwendig war, und die industrielle Basis des Landes durch Investitionen auszuweiten. Hier wird deutlich, wie das **Selbstversorgungspostulat** (durch unzulängliche Ausnutzung komparativer Vorteile) sowie das **Kreditaufnahmeverbot** (das ausreichende Investitionen im industriellen Bereich nicht erlaubte) die albanische Entwicklung blockierten.

Die Tabelle 9 läßt demnach nicht nur die **Fehlallokation von Kapital** aufscheinen, sondern auch das **geringe Kapitalbildungsniveau** des Landes. Dieses lag 1990 bei nur etwas mehr als 1.300 Lek (das sind bei einem Dollarkurs des LEK von 1 : 10 und der DM von 1 : 1,8) rund DM 234 pro Einwohner und Jahr. Zum Vergleich dazu: In der Bundesrepublik lag die Bruttoinvestition je Einwohner und Jahr in den letzten Jahren bei 8.000 DM, in Japan sogar umgerechnet bei etwa 13.600 DM.[34]

Insgesamt hat es in den vergangenen 10 Jahren keine wesentliche Veränderung in der **Struktur der Investitionstätigkeit** gegeben. Allein Mitte der 80er Jahre stieg der Anteil der Investitionen für die Stromerzeugung von 3,6 % über 5,4 % und 4,8 % auf 1985 9,1 % an den Gesamtinvestitionen an, was zwischen 1982 und 1984/85 ein Wachstum von mehr als 100 % bedeutete. Nur hier wird so etwas wie eine aktive Strukturpolitik erkennbar, während die Regierung ansonsten keinerlei strukturpolitische Schwerpunkte bilden konnte, sondern ganz offensichtlich die bestehende Struktur einfach

56

Tabelle 10.1

BAUTÄTIGKEIT IN PREISEN VON 1986
- in Mio. LEK -

	1975	1980	Ver.-änd. geg. 1975 in %	1981	Ver.-änd. geg. Vorj. in %	1982	Ver.-änd. geg. Vorj. in %	1983	Ver.-änd. geg. Vorj. in %	1984	Ver.-änd. geg. Vorj. in %
(1) Bauinvestitionen	1.546	1.819	+17,7	1.717	-5,6	1.806	+5,2	1.778	-1,6	1.728	-2,8
davon:											
Staatsunternehmen	1.022	1.002	0	930	-7,2	1.025	+10,2	1.050	+2,4	1.032	-1,7
Staatsfarmen	195	215	+10,3	278	+29,3	310	+11,5	319	+2,9	288	-9,7
Kooperativen	144	102	-29,2	192	+88,2	155	-19,3	123	-20,6	118	-4,1
Gesellsch. Organisationen	10	27	+170,0	24	-11,1	52	+116,7	53	+1,9	50	-5,7
Andere	175	473	+170,3	293	-38,1	264	-9,9	233	-11,7	240	+3,0
(2) Reparatur u. Instandhaltung		145		154	+6,2	175	+13,6	176	+0,6	179	+1,7
(3) Forschung	454	615	+35,5	603	-2,0	697	+15,6	704	+1,0	761	+8,1
(4) Investitionen i.d. Boden		174		174	0	236	+35,6	223	-5,5	200	-10,3
(5) Studien u. Projektierung		41		48	+17,1	53	+10,4	53	0	52	-1,9
(6) Priv. Wohnungsbau		113		118	+4,4	115	-2,5	132	+14,8	122	-7,6
(7) Andere	30	38	+26,7	42	+10,5	48	+14,3	48	0	50	+4,2
Gesellsch. Gesamtprodukt	2.030	2.856	+40,7	2.945	+3,1	3.310	+12,4	3.114	-5,9	3.093	-0,7
Materialverbrauch	1.320	2.131	+61,4	1.944	-8,8	2.119	+9,2	2.075	-20,1	2.057	-0,9
Nettoprodukt	710	814	+14,6	912	+12,0	1.011	+10,9	1.039	+2,8	1.035	-0,4

57

Tabelle 10.1 Fortsetzung

	1985	Ver.-änd. geg. Vorj. in %	1986	Ver.-änd. geg. Vorj. in %	1987	Ver.-änd. geg. Vorj. in %	1988	Ver.-änd. geg. Vorj. in %	1989	Ver.-änd. geg. Vorj. in %	1990	Ver.-änd. geg. Vorj. in %
(1) Bauinvestitionen	1.548	-10,4	1.508	-2,6	1.523	+1,0	1.489	-2,2	1.608	+8,0	1.371	-14,7
davon:												
Staatsunternehmen	894	-13,4	852	-4,7	924	+8,5	911	-1,4	983	+7,9	828	-15,8
Staatsfarmen	241	-16,3	240	-0,4	230	-4,2	233	+1,3	247	+6,0	206	-16,6
Kooperativen	126	+6,8	144	+14,3	101	-29,9	90	-10,9	109	+21,1	91	-16,5
Gesellsch. Organisationen	74	+48,0	75	+1,4	75	0	67	-10,7	79	+17,9	61	-22,8
Andere	213	-11,3	197	-7,5	193	-2,0	188	-2,6	190	+1,1	185	-2,6
(2) Reparatur u. Instandhaltung	187	+4,5	196	+4,8	205	+4,6	210	+2,4	226	+7,6		
(3) Forschung	738	-3,0	824	+11,7	770	-6,6	843	+9,5	886	+5,1	851	-4,0
(4) Investitionen i.d. Boden	175	-12,5	140	-20,0	122	-12,9	116	-4,9	122	+5,2		
(5) Studien u. Projektierung	45	-13,5	41	-8,9	46	+12,2	44	-4,3	52	+18,2	72	+38,5
(6) Priv. Wohnungsbau	120	-1,6	101	-15,8	99	-2,0	98	-1,0	114	+16,3		
(7) Andere	51	+2,0	51	0	52	+2,0	51	-1,9	52	+2,0		
Gesellsch. Gesamtprodukt	2.863	-7,4	2.861	-0,1	2.817	-1,5	2.851	+1,2	3.060	+7,3		
Materialverbrauch	1.912	-7,0	1.925	+0,7	1.938	+0,7	1.960	+1,1	2.071	+5,7		
Nettoprodukt	951	-8,1	936	-1,6	879	-6,1	891	+1,4	989	+11,0		

Quelle: Direktion für Statistik; eigene Berechnungen (Wachstumsraten).

Tabelle 10.2

BAUTÄTIGKEIT IN LAUFENDEN PREISEN
- in Mio. LEK -

	1975	1980	1981	1982	1983	1984	1985	1986	1987	1988	1989	1990
(1) Bauinvestitionen	1.684	1.800	1.821	1.917	1.884	1.833	1.639	1.508	1.523	1.489	1.608	1.371
Anteil (in v.H.)		62,8	61,1	58,7	58,0	56,8	54,9	52,7	54,1	52,2	52,5	
davon:												
Staatsunternehmen	1.009	898	982	1.086	1.089	1.070	949	852	924	911	983	828
Anteil (in v.H.)		31,3	33,0	33,3	33,5	33,2	31,8	29,8	32,8	31,9	32,1	
Staatsfarmen	212	242	296	329	339	306	254	240	230	233	247	206
Anteil (in v.H.)		8,4	9,9	10,1	10,4	9,5	8,5	8,4	8,2	8,2	8,1	
Kooperativen	149	107	206	166	131	125	133	144	101	90	109	91
Anteil (in v.H.)		3,7	6,9	5,1	4,0	3,9	4,4	5,0	3,6	3,2	3,6	
Gesellsch. Organisat.	32	54	73	104	79	73	77	75	75	67	79	61
Anteil (in v.H.)		1,9	2,4	3,2	2,4	2,3	2,6	2,6	2,7	2,3	2,6	
Andere	192	499	264	232	246	259	226	197	193	188	190	185
Anteil (in v.H.)		17,4	8,9	7,1	7,6	8,0	7,6	6,9	6,8	6,6	6,2	
(2) Reparatur+Instandhaltung		145	159	175	176	179	187	196	205	210	226	
Anteil (in v.H.)		5,1	5,3	5,4	5,4	5,5	6,3	6,8	7,3	7,4	7,4	
(3) Forschung	404	551	626	725	732	792	771	824	770	843	886	851
Anteil (in v.H.)		19,2	21,0	22,2	22,5	24,6	25,8	28,8	27,3	29,6	28,9	
(4) Investitionen i.d. Boden		174	174	236	223	200	175	140	122	116	112	
Anteil (in v.H.)		6,1	5,8	7,2	6,9	6,2	5,9	4,9	4,3	4,1	3,7	

Tabelle 10.2 Fortsetzung

	1975	1980	1981	1982	1983	1984	1985	1986	1987	1988	1989	1990
(5) Studien u. Projektierung		41	43	52	53	52	45	41	46	44	52	72
Anteil (in v.H.)		1,4	1,4	1,6	1,6	1,6	1,5	1,4	1,6	1,5	1,7	
(6) Priv. Wohnungsbau		113	118	115	132	122	119	101	99	98	114	
Anteil (in v.H.)		3,9	4,0	3,5	4,1	3,8	4,0	3,5	3,5	3,4	3,7	
(7) Andere		41	38	44	48	47	50	51	52	51	52	
Anteil (in v.H.)		1,4	1,3	1,3	1,5	1,5	1,7	1,8	1,8	1,8	1,7	
Gesellsch. Gesamtprodukt		2.865	2.979	3.264	3.248	3.225	2.986	2.861	2.817	2.851	3.060	
Materialverbrauch		1.974	2.040	2.223	2.178	2.160	2.007	1.925	1.938	1.960	2.071	
Anteil (in v.H.)		68,9	68,5	68,1	67,1	67,0	67,2	67,3	68,8	68,7	67,7	
Nettoprodukt		891	939	1.041	1.070	1.065	979	936	879	891	989	
Anteil (in v.H.)		31,1	31,5	31,9	32,9	33,0	32,8	32,7	31,2	31,2	32,3	

Quelle: Direktion für Statistik; eigene Berechnungen (Anteilswerte).

fortschrieb. Jeder Sektor bekam in etwa das gleiche Stück vom Investitionskuchen wie im Vorjahr. Dies reichte wahrscheinlich nicht einmal für einen Erhalt des Kapitalbestandes aus. Davon zeugt der Zustand der Wohn- und Fabrikgebäude, Anlagen, Straßen und Eisenbahnen. Nicht nur, daß ältere Bauten und Anlagen nicht instand gehalten wurden, offensichtlich sind nach 1978 auch nur ganz vereinzelt neue hinzu gekommen.

Die **Bauinvestitionen** machten offenbar mehr als ein Drittel der Gesamtinvestitionen aus.[35] Deutlich mehr als die Hälfte davon wurden von den Staatsunternehmen getätigt. Bei den übrigen Bauinvestitionen handelt es sich nicht nur um produktive Investitionen; in den Zahlen der Tabelle 10, Zeile (1), sind auch die Aufwendungen für den Neubau von Wohnungen, öffentlichen Gebäuden, Freizeiteinrichtungen etc. enthalten. Insgesamt war die Bautätigkeit im vergangenen Jahrzehnt seit 1982 - wenn man von 1989 absieht - deutlich rückläufig. Man beachte die äußerst geringen Aufwendungen für Reparatur und Instandhaltung! Beachtlich ist ferner, daß der private Wohnungsbau - der auf dem Land auch früher schon erlaubt war - 1980/81/84/85 über 50 % des gesamten Wohnungsbaus ausmachte und auch in den späteren Jahren nicht unter 40 % absank, wie sich aus dem Vergleich der Zeile (6) in Tabelle 10.2 mit Zeile (4) in Tabelle 9.2 ergibt.

a. Industrie

Tabelle 11 vermittelt einen Eindruck von der Struktur und der Entwicklung des **Industriesektors**. Dabei springt zuerst ins Auge, daß der Anteil der Konsumgüterproduktion an der gesamten Industrieproduktion (mit zwischen 35 % und 37 %) relativ niedrig gewesen ist. Von der Konsumgüterproduktion waren in den 80er Jahren rund 50 % Nahrungsmittel und rund 33 % Bekleidung und Schuhe.[36] Damit verblieben für die übrigen Konsumgüter um 6 % der Industrieproduktion insgesamt.

Bei Tabelle 11 müssen zwei Dinge beachtet werden: Zum einen handelt es sich hier um Bruttoproduktionswerte. Die Tabelle gibt also nur die relativen Anteile der einzelnen Subsektoren an der Bruttoproduktion, nicht an der Wertschöpfung wieder. Sodann ist zu berücksichtigen, daß die Preisstrukturen während der drei verschiedenen Basisjahre verschieden waren. Bezüglich der Wachstumsraten und der relativen Anteile der Subsektoren an der Industrieproduktion sind somit nur die einzelnen Spalten innerhalb der durch senkrechte Linien separierten Hauptspalten der Tabelle 11 vergleichbar.

Die **Energiewirtschaft** Albaniens (Erzeugung von elektrischer Energie, Ölförderung und Kohlebergbau) hatte 1980 einen Anteil von 14,7 % am Gesamtoutput des Industriesektors des Landes. 1990 ist dieser Anteil – vor allem wegen des absoluten Rückgangs der **Stromerzeugung** – auf 8,9 % zurückgegangen. Offenbar gab es Schwierigkeiten mit der Stromerzeugung während der ganzen Dekade und nicht erst in den letzten Jahren, wie immer wieder erklärt wird. Besonders gravierend waren die Produktionseinbrüche von 1982 auf 1983 und von 1989 auf 1990, mit –17,6 respektive –14,7 %.

Auch in der **Ölindustrie** wurden die ehrgeizigen Planziele in den 80er Jahren nicht annähernd erreicht. Vielmehr war die Ölförderung von 1981–1985 in einem gravierenden Ausmaße rückläufig (um rund 30 %). Und auch in der zweiten Hälfte der 80er Jahre setzte sich die rückläufige Tendenz fort. Diese jetzt erstmals offengelegten Fakten stehen in deutlichem Widerspruch zu früheren Angaben, obgleich auch früher

Tabelle 11

INDUSTRIEPRODUKTION 1 9 7 5 - 1 9 9 0
- in Mio. LEK -

	in Preisen von 1976		in Preisen von 1981					in Preisen von 1986				
	1975	1980	1981	1982	1983	1984	1985	1986	1987	1988	1989	1990
Elektr. Energie	399	922	719	676	557	619	567	594	543	527	543	463
Zunahme geg.1975 bzw. Vorjahr in v.H.		+231,1		-6,0	-17,6	+11,1	-8,4		+8,6	-2,9	+3,0	-14,7
Anteil an der Industrieprod. in v.H.	3,5	6,0	4,5	4,1	3,3	3,6	3,4	3,5	3,2	3,0	3,0	2,7
Öl-Ind.	981	1.146	1.093	1.018	808	810	770	880	842	844	851	804
Zunahme		+16,8		-6,9	-20,6	+0,2	-4,3		-4,3	+0,2	+0,8	-5,5
Anteil	8,6	7,5	6,9	6,2	4,9	4,7	4,6	5,2	4,9	4,8	4,6	4,7
Kohle-Ind.	131	187	203	219	235	256	265	263	263	274	276	261
Zunahme		+42,7		+7,9	+7,3	+8,9	+3,5		0	+4,2	+0,7	-5,4
Anteil	1,1	1,2	1,3	1,3	1,4	1,5	1,6	1,6	1,5	1,6	1,5	1,5
Chrom Ind.	127	222	235	260	250	272	234	307	281	326	340	265
Zunahme		+74,8		+10,6	-3,8	+8,8	-14,0		-8,5	+16,9	+4,3	-22,1
Anteil	1,1	1,4	1,5	1,6	1,5	1,6	1,4	1,8	1,6	1,9	1,9	1,6
Kupfer-Ind.	449	722	832	924	952	1.097	1.034	1.304	1.370	1.461	1.525	1.134
Zunahme		+60,8		+11,1	+3,0	+15,2	-5,4		+5,1	+6,6	+4,4	-25,6
Anteil	3,9	4,7	5,3	5,6	5,7	6,4	6,1	7,7	8,0	8,4	8,3	6,7
Eisen-Nickel-Ind.	111	275	518	480	612	578	518	486	528	622	671	521
Zunahme		+247,7		-7,3	+27,5	-5,6	-10,4		+8,4	+17,8	+7,9	-22,4
Anteil	1,0	1,8	3,3	2,9	3,8	3,4	3,1	2,9	3,1	3,6	3,7	3,1
Chemische Ind.	313	655	737	864	833	835	909	888	937	965	1.017	857
Zunahme		+209,3		+17,2	-3,6	+0,2	+8,9		+5,5	+3,0	+5,4	-18,7
Anteil	2,7	4,3	4,7	5,2	5,0	4,9	5,4	5,3	5,5	5,5	5,5	5,0
Baumaterial-Ind.	827	1.199	1.116	1.160	1.154	1.173	1.029	1.023	1.008	983	996	879
Zunahme		+45,0		+3,9	-0,5	+1,6	-12,3		-1,5	-2,5	+1,3	-11,7
Anteil	7,3	7,8	7,0	7,0	6,9	6,9	6,1	6,1	5,9	5,6	5,4	5,2
Holz-Ind.	714	722	708	735	754	765	779	758	729	708	742	662
Zunahme		+1,1		+3,8	+2,6	+1,5	+1,8		-3,8	-2,9	+4,8	-10,8
Anteil	6,3	4,7	4,5	4,5	4,5	4,5	4,6	4,5	4,3	4,0	4,0	3,9
Papier-Ind.		141	153	156	154	153	165	161	153	144	165	152
Zunahme				+2,0	-1,3	-0,6	+7,8		-5,0	-5,9	+14,6	-7,9
Anteil		0,9	1,0	0,9	0,9	0,9	1,0	1,0	0,9	0,8	0,9	0,9

Tabelle 11 Fortsetzung

	in Preisen von 1976		in Preisen von 1981					in Preisen von 1986				
	1975	1980	1981	1982	1983	1984	1985	1986	1987	1988	1989	1990
Maschinen u. Ausrüstungen	276	430	440	501	553	594	549	495	513	496	486	369
Zunahme		+55,8		+13,9	+10,4	+7,4	-7,6		+3,6	-3,3	-2,0	-24,1
Anteil	2,4	2,8	2,8	3,0	3,3	3,5	3,3	2,9	3,0	2,8	2,6	2,2
Ersatzteile	285	420	433	462	493	498	503	466	485	493	513	482
Zunahme		+47,4		+6,7	+6,7	+1,0	+1,0		+4,1	+1,6	+4,1	-6,0
Anteil	2,5	2,7	2,7	2,8	3,0	2,9	3,0	2,8	2,8	2,8	2,8	2,8
Sonst. mech. u. elektron. Produkte	721	1.167	1.276	1.398	1.451	1.515	1.535	1.367	1.396	1.409	1.490	1.492
Zunahme		+61,9		+9,6	+3,8	+4,4	+1,3		+2,1	+0,9	+5,7	+0,1
Anteil	6,3	7,6	8,1	8,5	8,7	8,9	9,1	8,1	8,1	8,1	8,1	8,8
Glas- u. Keramik-Ind.	106	143	152	162	153	169	149	139	125	139	152	142
Zunahme		+34,9		+6,6	-5,6	+10,5	-11,8		-10,1	+11,2	+9,4	-6,6
Anteil	0,9	0,9	1,0	1,0	0,9	1,0	0,9	0,8	0,7	0,8	0,8	0,8
Sonst. mineralische Ind.	57	89	100	102	105	117	103	109	110	108	115	116
Zunahme		+56,1		+2,0	+2,9	+11,4	-12,0		+0,9	-1,8	+6,5	+0,9
Anteil	0,5	0,6	0,6	0,6	0,6	0,7	0,6	0,6	0,6	0,6	0,6	0,7
Textilien u. Strickwaren			778	771	815	741	822	793	778	778	795	713
Zunahme				-0,9	+5,7	-9,1	+10,9		-1,9	0	+2,2	-10,3
Anteil			4,9	4,7	4,9	4,3	4,9	4,7	4,5	4,4	4,3	4,2
Bekleidung			862	923	950	911	957	866	883	956	1.146	1.318
Zunahme				+7,1	+2,9	-4,1	+5,0		+2,0	+8,3	+19,9	+15,0
Anteil			5,4	5,6	5,7	5,3	5,7	5,1	5,2	5,5	6,2	7,8
Leder, Fußbekleidung			301	320	325	345	326	317	350	385	412	432
Zunahme				+6,3	+1,6	+6,1	-5,5		+10,4	+10,0	+7,0	+4,9
Anteil			1,9	1,9	2,0	2,0	1,9	1,9	2,0	2,2	2,2	2,5
Sonstige Leichtind.	1.986	2.348	530	580	612	567	646	641	569	579	616	596
Zunahme		+18,2		+9,4	+5,5	-7,4	+13,9		-11,2	+0,2	+8,1	-3,2
Anteil	17,4	15,3	3,3	3,5	3,7	3,3	3,8	3,8	3,3	3,3	3,4	3,5

Tabelle 11 Fortsetzung

	in Preisen von 1976		in Preisen von 1981					in Preisen von 1986				
	1975	1980	1981	1982	1983	1984	1985	1986	1987	1988	1989	1990
Tabak u. Zigaretten			175	192	181	192	184	171	164	163	195	158
Zunahme				+9,7	-5,7	+6,1	-4,2		-4,1	-0,6	+19,6	-19,0
Anteil			1,1	1,2	1,1	1,1	1,1	1,0	1,0	0,9	1,1	0,9
Fischfang			42	52	45	48	61	58	66	74	66	78
Zunahme				+23,8	-13,5	+6,7	+27,1		+13,8	+12,1	-10,8	+18,2
Anteil			0,3	0,3	0,3	0,3	0,4	0,3	0,4	0,4	0,4	0,5
Mehl u. Brot			1.402	1.412	1.447	1.511	1.555	1.543	1.608	1.635	1.676	1.720
Zunahme				+0,7	+2,5	+7,2	+2,9		+4,2	+1,7	+2,5	+2,6
Anteil			8,8	8,5	8,7	8,8	9,2	9,1	9,4	9,3	9,1	10,1
Sonstige Nahrungsmittel	3.767	4.358	2.843	2.945	2.992	3.098	3.003	3.031	3.153	3.144	3.273	3.089
Zunahme		+15,7		+3,6	+1,6	+3,5	-3,1		+4,0	-0,3	+4,1	-5,6
Anteil	33,1	26,5	17,9	17,8	18,0	18,1	17,8	17,9	18,4	18,0	17,8	18,2
Druck-Ind.	93	113	117	118	120	118	121	121	123	120	130	124
Zunahme		21,5		+0,9	+1,7	-1,7	+2,5		+1,7	-2,4	+8,3	-4,6
Anteil	0,8	0,7	0,7	0,7	0,7	0,7	0,7	0,7	0,7	0,7	0,7	0,7
Sonst. Ind.	54	55	77	86	99	100	106	110	164	173	179	169
Zunahme		+1,9		+11,7	+15,1	+1,0	+6,0		+49,1	+5,5	+8,7	-5,6
Anteil	0,5	0,4	0,5	0,5	0,6	0,6	0,6	0,7	1,0	1,0	1,0	1,0
Industrie Gesamt-Output	11.397	15.314	15.842	16.516	16.650	17.082	16.890	16.891	17.141	17.497	18.370	16.996
Zunahme		+34,4		+4,3	+0,8	+2,6	-1,1		+1,5	+2,1	+5,0	-7,5
Anteil	100	100	100	100	100	100	100	100	100	100	100	100
Investitions-güter	6.475	9.796	10.227	10.560	10.553	10.950	10.773	10.951	10.956	11.171	11.574	
Zunahme		+51,3		+3,3	-0,1	+3,8	-1,6		+0,1	+2,0	+3,6	
Anteil	56,8	64,6	64,6	63,9	64,1	63,8	64,8	63,9	63,8	63,0		
Konsumgüter	4.922	5.518	5.615	5.956	6.097	6.132	6.117	5.940	6.185	6.320	6.796	
Zunahme		+12,1		+6,1	+2,4	+0,6	-0,2		+4,1	+2,2	+7,5	
Anteil	43,2	36,0	35,4	36,1	36,6	35,9	36,2	35,2	36,1	36,1	37,0	

Quellen: Direktion für Statistik; eigene Berechnungen (Wachstumsraten und Anteilswerte).

schon mehrfach zugegeben worden ist, daß der Plan - der allerdings in der Regel zweistellige Zuwachsraten vorgesehen hatte - nicht erreicht worden sei.

Befriedigender verlief die Entwicklung im **Kohlebergbau**. Hier gab es in der ersten Hälfte der 80er Jahre ein durchschnittliches jährliches Wachstum von knapp 7 %, doch auch hier trat in der zweiten Hälfte der Dekade eine Stagnation ein, die nur 1988 unterbrochen wurde; der im Krisenjahr 1990 eingetretene Produktionseinbruch hielt sich mit einem Minuswachstum von 5,5 % im Vergleich zu anderen Subsektoren noch relativ in Grenzen.

Die **metallerzeugende und -verarbeitende** Industrie nahm in den 80er Jahren an Bedeutung zu. Ihr Anteil an der gesamten industriellen Erzeugung stieg von 7,9 % auf 11,4 %. Dies, obgleich die Produktion in allen drei in der Tabelle 11 aufgeführten Subsektoren im Jahre 1990 um deutlich über 20 % zurückging. Auch in den Jahren zuvor gab es, bei alles in allem recht hohen Wachstumsraten, immer wieder Jahre mit sehr deutlichen Produktionseinbrüchen. Dies deutet auf eine sehr ungleichmäßige Auslastung der bestehenden Kapazitäten hin, die aus immer wieder eintretenden Schwierigkeiten mit der Energie- und vermutlich auch der Rohstoff- und/oder Materialversorgung resultiert haben dürften.

Dagegen verlief die Entwicklung in der **chemischen Industrie** alles in allem noch relativ kontinuierlich. Der Wachstumsrückgang 1983 um 3,6 % reflektiert die extrem hohe Zuwachsrate von 17,2 % im Vorjahr; auch hier kam es 1990 zu einem Produktionseinbruch, der 18,7 % ausmachte.

Auch die Subsektoren **Baumaterial-** sowie **Holz- und Papierindustrie** weisen in der ersten Hälfte der 80er Jahre im Jahresdurchschnitt negative oder nur geringfügig positive Wachstumsraten auf. In der zweiten Hälfte der Dekade war in allen drei Subsektoren das Wachstum im Jahresdurchschnitt negativ, und zwar mit stark zunehmender Tendenz insbesondere 1990, nachdem es 1989 eine gewisse Erholung gegeben hatte.

In dem eigentlichen industriellen Kernsektor, der in Albanien jedoch nur etwa 13-15 % der gesamten Industrieproduktion ausmacht, der **Erzeugung von Maschinen und Ausrüstungen, Ersatzteilen und sonstigen mechanischen und elektronischen Produkten**, waren die Wachstumsraten von Beginn der Dekade an mehr oder weniger stark rückläufig; bei Maschinen und Ausrüstungen gab es zuletzt von 1986 auf 1987 mit 3,6 % ein positives Wachstum; von 1989 auf 1990 gab es auch hier einen starken Produktionseinbruch (minus 25 %!), obgleich schon in den beiden Jahren zuvor die Produktion zurückgegangen war – eine Entwicklung, die man nur als dramatisch bezeichnen kann.

Der nächste Bereich in der Tabelle 11 umfaßt sechs Subsektoren, die man der **Leichtindustrie** zurechnen kann. Auch hier zeigt sich ein alles in allem sehr diffuses Bild. Die Wachstumsverläufe waren außerordentlich diskontinuierlich, auf relativ hohe Zuwachsraten folgten noch höhere Wachstumsrückgänge und umgekehrt. Die Sektoren Bekleidung sowie Leder- und Schuhindustrie bilden insofern eine Ausnahme, als hier in der zweiten Hälfte der Dekade – entgegen der allgemeinen Tendenz – noch fast durchgängig positive und zum Teil sogar hohe Wachstumsraten erzielt wurden.

Ein bedeutender Sektor ist der der **Nahrungs- und Genußmittelindustrie**, dessen Anteil an der Industrieproduktion seit 1981 etwas mehr als 28 % betrug. Selbst in diesem Sektor haben wir es wieder mit relativ großen Outputschwankungen zu tun. Lediglich im Subsektor Mehl und Brot waren die Zuwachsraten durchgängig positiv und wiesen keine gravierenden Schwankungen auf. Die Produktion von sonstigen Nah-

rungsmitteln, die immerhin rund ein Sechstel der gesamten
Industrieproduktion ausmachte, wuchs in der ersten Hälfte
der 80er Dekade nur um durchschnittlich jährlich 1,4 %,
dann beschleunigte sich das durchschnittliche jährliche
Wachstum bis 1989 auf 2,6 %, doch auch hier erfolgte mit
-5,6 % 1990 ein krisenhafter Einbruch.

Im **gesamten Industriesektor** war in den 80er Jahren die
Entwicklung durch ein völlig **unbefriedigendes Wachstum**
gekennzeichnet. Zwischen 1980 und 1985 wurde nur ein durchschnittliches jährliches Wachstum von insgesamt 1,9 % erreicht; 1986 bis einschließlich 1989 ergab sich eine leich-
te Beschleunigung des Wachstums auf 2,1 % im Jahresdurchschnitt, wobei vor allem das gute Ergebnis des Jahres 1989,
mit einem Plus von 5 %, zu Buche schlägt. Das Jahr 1990 war
dann der Beginn einer tiefen Wirtschaftskrise, mit einem
Minuswachstum der Industrieproduktion von 7,5 %.

Neben der Wachstumsschwäche war das gesamte Jahrzehnt durch
erhebliche **Outputschwankungen** innerhalb fast aller Subsektoren gekennzeichnet. Die Produktionsstruktur blieb dabei
nahezu unverändert. Der Anteil der angeblichen Wachstums-
sektoren Stromerzeugung und Ölförderung an der Gesamtproduktion ging sogar leicht zurück. Etwas weniger ausgeprägt
war dies auch in der Baumaterialindustrie und im Subsektor
Maschinen und Ausrüstungen der Fall. Alles in allem ver-
schob sich die Produktionsstruktur in der Industrie geringfügig (um nur einen Prozentpunkt) von der Investitionsgü-
ter- zur Konsumgüterherstellung.

b. Landwirtschaft

Zu Beginn der 80er Jahre lag der Anteil der pflanzlichen
Produktion an der Gesamtproduktion noch bei 57 %, der der
tierischen Produktion (Fleisch, Milch und Eier) bei nur
30 %. Eine ähnliche landwirtschaftliche Struktur wies z.B.

Tabelle 12.1

LANDWIRTSCHAFTLICHE PRODUKTION
- in Mio. LEK -
- in konstanten Preisen von 1986[1] -

	1975	1980	Ver. geg. Vorj. in %	1981	Ver. geg. Vorj. in %	1982	Ver. geg. Vorj. in %	1983	Ver. geg. Vorj. in %	1984	Ver. geg. Vorj. in %
(1) Landw. Prod. insg.	6.420	6.987	+8,8	7.245	+3,7	7.533	+4,0	8.240	+9,4	7.785	-5,5
(2) Pflanzl. Prod.	3.722	3.946	+6,0	4.278	+8,4	4.562	+6,6	4.992	+9,4	4.597	-7,9
1. Getreide	1.045	1.146	+9,7	1.124	-1,9	1.206	+7,3	1.347	+11,7	1.229	-8,8
2. Mais	430	596	+38,6	653	+9,6	717	+9,8	751	+4,7	671	-10,7
3. Reis	46	39	-15,2	44	+12,8	38	-13,6	39	+2,6	37	-5,1
4. Kartoffeln	124	109	-12,1	131	+20,2	111	-15,3	148	+33,3	115	-22,3
5. Gemüse	530	598	+12,8	618	+3,3	648	+4,9	668	+3,1	618	-7,5
6. Kidney-Bohnen	81	45	-44,4	60	+33,3	40	-33,3	81	+102,5	36	-55,6
7. Tabak	281	211	-24,9	283	+34,1	280	-1,1	251	-10,4	294	+17,1
8. Sonnenblumen	124	116	-6,5	126	+8,6	131	+4,0	215	+64,1	132	-38,6
9. Baumwolle	136	96	-29,4	124	+29,2	125	+0,8	94	-24,8	118	+25,5
10. Zuckerrüben	62	83	+33,9	91	+9,6	96	+5,5	96	0	75	-21,9
(3) Früchte insg. u.a.	516	548	+6,2	589	+7,5	611	+3,7	691	+13,1	556	-19,5
1. Früchte	102	129	+26,5	174	+34,9	157	-9,8	178	+13,4	141	-20,8
2. Wein	126	132	+4,8	141	+6,8	150	+13,5	161	+0,6	158	-1,9
3. Oliven	73	58	-20,5	51	-12,1	38	-25,5	108	+184,2	17	-84,3
4. Zitrusfrüchte	26	30	+15,4	26	-13,3	35	+34,6	39	+11,4	38	-2,6
(4) Tierische Prod.	1.887	2.180	+15,5	2.079	-4,6	2.067	-0,6	2.234	+8,1	2.304	+3,1
1. Fleisch insg.	531	598	+12,6	707	+18,2	609	-13,9	616	+1,1	702	+14,0
- Rindfleisch	203	275	+35,5	350	+27,3	273	-22,0	267	-2,2	291	+9,0
- Schweinefleisch	120	137	+14,2	146	+6,6	144	-1,4	134	-6,9	167	+24,6
- Schafs/Ziegenfl.	177	140	-20,9	162	+15,7	135	-16,7	146	+8,1	147	+0,7
- Geflügel	31	46	+48,4	49	+6,5	57	+16,3	69	+21,1	97	+40,6
2. Milch	727	892	+22,7	806	-9,6	778	-3,5	845	+8,6	890	+5,3
3. Eier	102	132	+29,4	126	-4,5	143	+13,5	159	+11,2	175	+10,1
(5) Forstwirtsch. u.a.	295	313	+6,1	299	-4,5	293	-2,0	323	+10,2	328	+1,5
Gesamt-Output	6.797	7.357	+8,2	7.630	+3,7	7.940	+4,1	8.635	+8,8	8.195	-5,1
Materialeinsatz	2.797	3.266	+16,8	3.338	+2,2	3.626	+8,6	3.970	+9,5	3.796	-4,4
Nettoproduktion	4.000	4.091	+2,3	4.292	+4,9	4.314	+0,5	4.665	+8,1	4.399	-5,7
Nettoproduktion Pro Kopf der Bev. (in 100 LEK)	1,65	1,52	-7,9	1,56	+2,6	1,54	-1,3	1,63	+5,8	1,48	-9,2

Tabelle 12.1 Fortsetzung

	1985	Ver. geg. Vorj. in %	1986	Ver. geg. Vorj. in %	1987	Ver. geg. Vorj. in %	1988	Ver. geg. Vorj. in %	1989	Ver. geg. Vorj. in %	1990	Ver. geg. Vorj. in %	Ø jährl. 1980-1990
(1) Landw. Prod. insg.	8.081	+3,8	8.402	+4,0	8.441	+0,5	7.921	-6,2	8.772	+10,7	8.120	-7,4	+1,5
(2) Pflanzl. Prod.	4.837	+5,2	5.080	+5,0	4.995	-1,7	4.423	-11,5	4.795	+8,4	4.071	-15,1	+0,3
1. Getreide	1.363	+10,9	1.303	-4,4	1.341	+2,9	1.440	+7,4	1.373	-4,7	1.381	+0,6	+1,9
2. Mais	577	-14,0	784	+35,9	633	-19,3	485	-23,4	519	+7,0	470	-9,4	-2,3
3. Reis	39	+5,4	35	-10,3	34	-2,9	28	-17,6	27	-3,6	22	-18,5	-5,6
4. Kartoffeln	94	-18,3	121	+28,7	99	-18,2	66	-33,3	104	+57,6	75	-27,9	-3,7
5. Gemüse	610	-1,3	627	+2,8	642	+2,4	525	-18,2	649	+23,6	639	-1,5	+0,7
6. Kidney-Bohnen	66	+83,3	101	+53,0	75	-25,7	74	-1,3	100	+35,1	68	-32,0	+4,2
7. Tabak	259	-11,9	341	+31,7	355	+4,1	191	-46,2	238	+24,6	224	-5,9	+0,6
8. Sonnenblumen	146	+10,6	132	-9,6	97	-26,5	71	-26,8	96	+35,2	53	-44,8	-1,9
9. Baumwolle	162	+37,3	164	+1,2	144	-12,2	87	-39,6	100	+14,9	72	-28,0	-2,8
10. Zuckerrüben	69	-8,0	58	-15,9	58	0	38	-34,5	79	+107,9	49	-38,0	+5,1
(3) Früchte insg. u.a.	578	+4,0	539	-6,7	572	+6,1	537	-6,1	602	+12,1	516	-14,3	-0,6
1. Früchte	118	-15,3	127	+18,6	122	-12,9	117	-4,1	150	+28,2	121	-19,3	-0,6
2. Wein	163	-3,2	127	-22,1	155	+22,0	150	-3,2	158	+5,3	131	-17,1	-0,1
3. Oliven	72	+323,5	38	-47,2	81	+113,2	50	-38,3	66	+32,0	32	-51,5	-5,8
4. Zitrusfrüchte	37	-2,6	39	+5,4	28	-28,2	38	+35,7	42	+10,5	42	0	+3,4
(4) Tierische Prod.	2.323	+0,8	2.456	+5,7	2.571	+4,7	2.616	+1,8	2.807	+7,3	2.963	+5,6	+3,1
1. Fleisch insg.	818	+16,5	877	+7,2	925	+5,5	874	-5,5	862	-1,4	890	+3,2	+4,0
- Rindfleisch	328	+112,7	380	+15,9	402	+5,8	348	-13,4	336	-3,4	346	+3,0	+2,3
- Schweinefleisch	180	+7,8	195	+8,3	191	-2,1	183	-4,2	198	+8,2	206	+4,0	+4,1
- Schafs-/Ziegenfl.	207	+40,8	201	-2,9	231	+14,9	247	+6,9	236	-4,5	245	+3,8	+5,8
- Geflügel	103	+6,2	101	-1,9	101	0	96	-5,0	92	-4,2	93	+1,1	+7,3
2. Milch	907	+1,1	933	+2,9	991	+6,2	1.066	+7,6	1.195	+12,1	1.138	-4,8	+2,5
3. Eier	177	+1,1	189	+6,8	210	+11,1	212	+1,0	240	+13,2	252	+5,0	+6,7
(5) Forstwirtsch. u.a.	343	+4,6	327	-4,7	303	-7,3	345	+13,9	568	+64,6	570	+0,7	+6,8
Gesamt-Output	8.498	+3,7	8.828	+3,9	8.878	+0,6	8.376	-5,7	9.215	+10,0			+2,5[1]
Materialeinsatz	3.853	+1,5	4.060	+5,4	4.328	+6,6	4.080	-5,7	4.296	+5,3			+3,1[1]
Nettoproduktion	4.645	+5,6	4.768	+2,6	4.550	-4,6	4.296	-5,6	4.919	+14,5			+2,1[1]
Nettoproduktion pro Kopf der Bev. (in 100 LEK)	1,55	+4,7	1,57	+1,3	1,46	-7,0	1,36	-6,8	1,52	+11,8			

1 Durchschnittliche jährliche Wachstumsrate 1980 - 1989.

Quelle: Direktion für Statistik (Amt für Landwirtschaft); eigene Berechnungen (Wachstumsraten).

Tabelle 12.2

LANDWIRTSCHAFTLICHE PRODUKTION
- in Mio. LEK -
1 9 7 5 und 1 9 8 0 - 1 9 9 0

	in Preisen von 1976		in Preisen von 1981						in Preisen von 1986				
	1975	1980	1981	1982	1983	1984	1985	1986	1987	1988	1989	1990
(1) Landw. Prod. insg.	6.338	6.894	7.012	7.291	7.975	7.535	7.821	8.402	8.441	7.921	8.772	8.120
(2) Pflanzl. Prod.	3.714	3.940	4.153	4.427	4.844	4.465	4.696	5.080	4.995	4.423	4.795	4.071
Anteil (i.v.H.)	58,6	57,2	59,2	60,7	60,7	59,3	60,0	60,5	59,2	55,8	54,7	50,1
1. Getreide	1.073	1.176	1.124	1.206	1.347	1.229	1.363	1.303	1.341	1.440	1.373	1.381
Anteil (i.v.H.)	16,9	17,1	16,0	16,5	16,9	16,3	17,4	15,5	15,9	18,2	15,7	17,0
2. Mais	428	593	653	717	751	671	577	784	633	485	519	470
Anteil (i.v.H.)	6,8	8,6	9,3	9,8	9,4	8,9	7,4	9,3	7,5	6,1	5,9	5,8
3. Reis	45	38	44	38	39	37	39	35	34	28	27	22
Anteil (i.v.H.)	0,7	0,6	0,6	0,5	0,5	0,5	0,5	0,4	0,4	0,4	0,3	0,3
4. Kartoffeln	124	109	131	111	148	115	94	121	99	66	104	75
Anteil (i.v.H.)	2,0	1,6	1,9	1,5	1,9	1,5	1,2	1,4	1,2	0,8	1,2	0,9
5. Gemüse	518	584	618	648	668	618	610	627	642	525	649	639
Anteil (i.v.H.)	8,2	8,5	8,8	8,9	8,4	8,2	7,8	7,5	7,6	6,6	7,4	7,9
6. Kidney-Bohnen	81	45	60	40	81	36	66	101	75	74	100	68
Anteil (i.v.H.)	1,3	0,7	0,9	0,5	1,0	0,5	0,8	1,2	0,9	0,9	1,1	0,8
7. Tabak	220	165	221	219	196	234	259	341	355	191	238	224
Anteil (i.v.H.)	3,5	2,4	3,2	3,0	2,5	3,1	3,3	4,1	4,2	2,4	2,7	2,8
8. Sonnenblumen	108	101	126	131	215	132	146	132	97	71	96	53
Anteil (i.v.H.)	1,7	1,5	1,8	1,8	2,7	1,8	1,9	1,6	1,1	0,9	1,1	0,7

Tabelle 12.2 Fortsetzung

	in Preisen von 1976		in Preisen von 1981					in Preisen von 1986				
	1975	1980	1981	1982	1983	1984	1985	1986	1987	1988	1989	1990
9. Baumwolle	119	85	118	119	89	112	152	164	144	87	100	72
Anteil (i.v.H.)	1,9	1,2	1,7	1,6	1,1	1,5	1,9	2,0	1,7	1,1	1,1	0,9
10. Zuckerrüben	62	83	91	96	96	75	69	58	58	38	79	49
Anteil (i.v.H.)	1,0	1,2	1,3	1,3	1,2	1,0	0,9	0,7	0,7	0,5	0,9	0,6
(3) Früchte insg. u.a.	532	565	589	611	691	556	578	539	572	537	602	516
Anteil (i.v.H.)	8,4	8,2	8,4	8,4	8,7	7,4	7,4	6,4	6,8	6,8	6,9	6,4
1. Früchte	108	137	174	157	178	141	118	140	122	117	150	121
Anteil (i.v.H.)	1,7	2,0	2,5	2,2	2,2	1,9	1,5	1,7	1,4	1,5	1,7	1,5
2. Wein	132	139	141	160	161	158	163	127	155	150	158	131
Anteil (i.v.H.)	2,1	2,0	2,0	2,2	2,0	2,1	2,1	11,5	1,8	1,9	1,8	1,6
3. Oliven	73	58	51	38	108	17	72	38	81	50	66	32
Anteil (i.v.H.)	1,2	0,8	0,7	0,5	11,4	0,2	0,9	0,5	1,0	0,6	0,8	0,4
4. Zitrusfrüchte	26	30	26	35	39	38	37	39	28	38	42	42
Anteil (i.v.H.)	0,4	0,4	0,4	0,5	0,5	0,5	0,5	0,5	0,3	0,5	0,5	0,5

Tabelle 12.2 Fortsetzung

	in Preisen von 1976		in Preisen von 1981					in Preisen von 1986				
	1975	1980	1981	1982	1983	1984	1985	1986	1987	1988	1989	1990
(4) Tierische Prod.	1.790	2.069	1.971	1.960	2.117	2.186	2.204	2.456	2.571	2.616	2.807	2.963
Anteil (i.v.H.)	28,2	30,0	28,1	26,9	26,5	29,0	28,2	29,2	30,5	33,0	32,0	36,5
1. Fleisch insg.	515	672	679	579	590	661	682	877	925	874	862	890
Anteil (i.v.H.)	8,1	9,7	9,7	7,9	7,4	8,8	8,7	10,4	11,0	11,0	9,8	11,0
- Rindfleisch								380	402	348	336	346
Anteil (i.v.H.)								4,5	4,8	4,4	3,8	4,3
- Schweinefleisch								195	191	183	198	206
Anteil (i.v.H.)								2,3	2,3	2,3	2,3	2,5
- Schafs-/Ziegenfl.								201	231	247	236	245
Anteil (i.v.H.)								2,4	2,7	3,1	2,7	3,0
- Geflügel								101	101	96	92	93
Anteil (i.v.H.)								1,2	1,2	1,2	1,0	1,1
2. Milch (1)	727	892	806	778	845	890	907	933	991	1.066	1.195	1.138
Anteil (i.v.H.)	11,5	12,9	11,5	10,7	10,6	11,8	11,6	11,1	11,7	13,5	13,6	14,0
3. Eier (St.)	97	119	126	143	159	175	177	189	210	212	240	252
Anteil (i.v.H.)	1,5	1,7	1,8	2,0	2,0	2,3	2,3	2,2	2,5	2,7	2,7	3,1
(5) Forstwirtsch. u.a.	302	320	299	293	323	328	343	327	303	345	568	570
Anteil (i.v.H.)	4,8	4,6	3,3	4,0	4,1	4,4	4,4	3,9	3,6	4,4	6,5	7,0

1 Umrechnungsfaktoren von der Preisbasis 1986 auf die von 1981: 103,3 für die Gesamtproduktion (Zeile 1); 102,9 für die pflanzliche Produktion (Zeile 2); 100 für Zeile (3) und Zeile (5); 105,4 für die tierischen Produkte Zeile (4). Umrechnungsfaktoren vom Basisjahr 1981 auf Basisjahr 1986: 98 für Zeile (1), 97,3 für Zeile (2); 97 für Zeile (3); 100 für Zeile (4); 97,5 für Zeile (5).

Quelle: Direktion für Statistik (Amt für Landwirtschaft); eigene Berechnungen (Anteilswerte).

Rumänien in den 70er Jahren auf; sie ist typisch für arme agrarische Entwicklungsländer. Der hohe Anteil der Erzeugung von Brotgetreide und anderen Grundnahrungsmitteln, wie er aus Tabelle 12.2. deutlich wird, reflektiert neben der Armut auch die Selbstversorgungsbestrebungen des Landes. Wie unsinnig die Selbstversorgungspolitik war, hat der jetzige Wirtschaftsminister Pashko im Gespräch mit dem Verfasser mit wenigen Zahlen überzeugend dargelegt. Pashko rechnete vor, daß Albanien zur Versorgung der Bevölkerung mit Brotgetreide sowie Fleisch und Milch (zu deren Erzeugung Mais zur Verfütterung notwendig ist) fast doppelt so hohe Hektarerträge bei Weizen und Mais erzielen müßte, wie tatsächlich erwirtschaftet werden (vgl. Tabelle 15).

Die Selbstversorgungspolitik dürfte auch für den niedrigen Anteil der Produktion von Früchten an der landwirtschaftlichen Gesamtproduktion verantwortlich sein. Wahrscheinlich verfügt gerade hier das Land über erhebliche komparative Vorteile, die infolge des Selbstversorgungsstrebens mit Grundnahrungsmitteln nicht genutzt worden sind. Auffallend niedrig sind auch die Anteile von landwirtschaftlichen Rohstoffen (Tabak, Sonnenblumenkerne, Baumwolle und Zukkerrüben – zusammen rund 5 %) an der landwirtschaftlichen Gesamtproduktion. Infolge der Selbstversorgungspolitik war für den Anbau landwirtschaftlicher Rohstoffe keine ausreichende Fläche verfügbar.

Erst in den letzten drei Jahren des Untersuchungszeitraums zeigt die **Struktur der landwirtschaftlichen Produktion** Albaniens erwähnenswerte Veränderungen. So hat der Anteil des Outputs tierischer Produkte an der Gesamtproduktion seit 1987 von rund 30 % auf über 36 % zugenommen. Gleichzeitig ging der Outputanteil im Bereich der pflanzlichen Produktion um fast 10 Prozentpunkte zurück. Daraus auf eine Verbesserung der Versorgungslage zu schließen, wäre jedoch voeilig. Die landwirtschaftliche Nettoproduktion pro Kopf der Bevölkerung erreichte nämlich 1988 ihren Tiefstand in der gesamten Dekade.

Die aus Tabelle 12.1. ersichtlichen großen **Outputschwankungen** sind für die wetterabhängige Landwirtschaft durchaus normal. Doch das durchschnittliche jährliche Wachstum war nahezu in allen Bereichen sehr bescheiden. Zwischen 1980 und 1989 stieg zwar die gesamte landwirtschaftliche Bruttoproduktion um 25,5 %, da jedoch gleichzeitig der Materialverbrauch um 31,5 % stieg, ergab sich lediglich eine Nettoproduktionssteigerung von 20,2 %, was in etwa dem Bevölkerungswachstum entspricht.

Daß in Albanien das **Gesetz des abnehmenden Ertragszuwachses** wirksam war, zeigt sich daran, daß im gleichen Zeitraum, in dem die Nettoproduktion um ca. 20 % zunahm, die Beschäftigung in der Landwirtschaft um 26,4 %, der Kapitaleinsatz sogar um mehr als 50 % (Tabelle 9.1) und der Materialeinsatz um 31,5 % anstieg, alle drei also deutlich stärker wuchsen als der Output. Wie Tabelle 14 zeigt, konnten die bewirtschafteten Flächen insgesamt in den 80er Jahren kaum noch ausgeweitet werden; die künstlich bewässerten Flächen, die trotz großer Aufwendungen für Bewässerungsanlagen nur etwa 8 % der Anbaufläche ausmachen, wurden kontinuierlich um insgesamt rund 17 % vermehrt. Alles in allem kann man mithin feststellen, daß das extensive Wachstum der landwirtschaftlichen Produktion des Landes bereits früher zum Abschluß gekommen war. Der zusätzliche Faktor- und Materialeinsatz brachte in den 80er Jahren nur noch unterproportionale Outputsteigerungen. Daran wird die durch die Selbstversorgungspolitik verursachte Fehlallokation von Ressourcen erkennbar.

Tabelle 13

AGRARPRODUKT-VERKÄUFE DER FARMEN UND KOOPERATIVEN AN DEN STAAT
– in 1000 t –

	1975	1980	1981	1982	1983	1984	1985	1986	1987	1988	1989	1990
1. Brotgetreide	303,6	390,5	400,6	450,0	513,2	444,0	457,4	485,5	439,2	433,0	422,0	375,5
Weizen u. Gerste	252,0	273,4	273,6	293,3	334,2	316,8	339,0	350,0	330,5	363,7	347,6	323,0
Mais	51,6	117,1	127,0	156,7	179,0	127,2	118,4	135,5	108,7	69,3	74,4	50,5
2. Reis	13,8	10,9	12,0	10,5	10,3	9,7	10,3	9,0	8,6	7,3	6,7	4,5
3. Kartoffel	43,4	34,2	48,3	32,3	46,2	45,7	21,7	40,8	35,0	15,5	44,8	20,2
4. Gemüse u. Melonen	163,2	198,0	201,0	214,0	220,0	203,0	216,0	227,0	236,0	188,0	244,0	225,0
5. Trockene Bohnen	10,7	4,5	5,4	2,8	6,4	2,5	5,5	7,8	5,0	4,2	6,2	2,7
6. Tabak	16,8	12,6	18,4	18,9	14,0	18,1	19,8	22,6	24,2	13,7	20,3	12,3
7. Sonnenblumen	29,7	27,7	28,1	29,5	49,8	31,6	35,3	32,4	22,7	16,5	22,0	14,0
8. Baumwolle	22,1	15,7	20,2	20,7	15,3	19,6	26,3	24,8	23,5	14,3	17,6	11,9
9. Zuckerrüben	203,0	266,0	293,0	302,0	310,0	243,0	221,0	186,0	189,0	124,0	248,0	158,0
10. Obst insg.	31,2	40,0	48,9	52,0	60,3	47,8	32,8	44,1	36,8	34,8	50,2	32,7
11. Wein	43,5	40,3	42,4	51,1	51,3	46,8	46,2	33,6	42,2	35,3	33,5	19,5
12. Olivenbäume	31,5	25,8	20,4	15,0	44,1	6,7	31,9	15,2	32,5	24,4	24,5	10,0
13. Zitrusbäume	7,4	8,1	8,0	11,2	11,7	12,0	11,5	12,4	8,2	12,2	11,6	9,5
14. Milch	132,8	143,5	154,7	160,8	164,2	170,6	156,8	162,0	175,0	185,0	192,0	180,0
15. Fleisch	32,0	39,0	46,2	40,0	35,6	40,8	39,6	37,9	39,2	41,5	38,5	44,0
16. Eier (Mio. St.)	67,0	94,5	96,0	113,4	123,0	131,7	128,0	144,5	164,0	176,0	192,0	192,3
17. Wolle (t)	1.477,0	1.530,0	1.486,0	1.853,0	1.966,0	2.000,0	2.100,0	1.800,0	1.900,0	2.000,0	2.000,0	1.930,0

Quelle: Direktion für Statistik.

Tabelle 14

LANDWIRTSCHAFTLICHE NUTZFLÄCHE
- in 1000 ha -

	1975	1980	1981	1982	1983	1984	1985	1986	1987	1988	1989	1990
1. Ackerland	663,7	702,0	705,9	708,6	709,8	711,2	712,7	712,8	714,0	714,2	706,2	703,7
Davon für:												
Feldfrüchte	563,4	585,4	587,9	589,0	589,0	589,2	589,5	589,4	589,7	589,8	581,7	579,2
Obstanbau	100,3	116,6	118,0	119,6	120,8	122,0	123,2	123,4	124,3	124,4	124,5	124,5
künstl. bewässerte Fläche	50,0	52,8	53,5	54,0	54,6	55,4	56,0	56,6	57,3	58,4	60,0	61,8
2. Wiesen und Weiden	423,2	420,5	410,0	384,8	403,7	401,8	434,1	396,0	397,3	402,5	412,5	417,4
3. Wald	1.020,0	1.009,3	1.021,3	1.010,6	1.028,0	1.029,4	1.026,1	1.048,2	1.046,3	1.046,8	1.046,7	1.046,8

Quelle: Direktion für Statistik.

Tabelle 15.1

HEKTARERTRÄGE DER STAATSFARMEN
- in 100 kg -

	1975	1980	1981	1982	1983	1984	1985	1986	1987	1988	1989	1990
1. Weizen	26,6	28,9	27,6	31,8	38,2	36,9	38,3	33,9	41,8	38,9	32,8	40,9
2. Mais	26,3	32,9	37,7	48,5	50,6	49,4	50,2	55,9	50,4	39,8	57	42
3. Reis	23,7	35,2	27,4	25,9	36,5	36,3	44,7	35,4	38,1	41,8	42,4	38
4. Kartoffeln	88,5	76,3	87,2	69,5	100,4	112,4	95,8	112,2	107	73	145,3	90
5. Gemüse u. Melonen	134	166	170	180	180	194	196	194	186	171	183	180
6. Trockene Bohnen	14	4	9	5	12	7	13	14	6	7	10	6,8
7. Tabak	8,5	8	11,6	11	11,5	11,3	10,8	8	8,7	4	7	6,4
8. Sonnenblumen	11,7	10	10,4	11,4	15,9	11,7	13	14	11	8,9	11	6,2
9. Baumwolle	9,4	7,4	8,8	10	8,3	15,9	20,4	19	17,5	9,3	15	12,5
10. Zuckerrüben	379	394	463	464	491	412	359	307	312	188	463	276

Quelle: Direktion für Statistik.

Tabelle 15.2

HEKTARERTRÄGE IM GENOSSENSCHAFTLICHEN SEKTOR
- in 100 kg -

	1975	1980	1981	1982	1983	1984	1985	1986	1987	1988	1989	1990
1. Weizen	22,7	24,6	24,7	26	29,7	27,2	29,3	27,7	28,9	30,5	27,4	28,6
2. Mais	23	25,9	30,3	35,4	39,6	33,6	31,7	40,9	34,5	30,6	44,7	28,6
3. Reis	28,9	30,2	34,7	30	34	32,1	33,4	33,5	31,9	27,2	31,2	28,1
4. Kartoffeln	68,6	55,8	68,3	62	92,9	62,7	47,4	71,5	48,1	35,6	94,6	446,7
5. Gemüse u. Melonen	115	123	123,9	141	147,2	135	150	150	147	112,5	154,4	125
6. Trockene Bohnen	11,2	5,9	6,7	4,8	9,6	4,5	8	10,1	5,7	5,4	7,6	8
7. Tabak	8,9	6,3	8,2	8,4	7,5	8,5	8,7	7,8	7,7	4,4	7,1	5,5
8. Sonnenblumen	12,8	11,2	111,3	10,6	15,6	8,2	10,1	10,9	8,4	6,4	11	6,2
9. Baumwolle	10,1	7,7	10	10,6	9	13,9	17,5	15,4	15,9	10	14,7	15
10. Zuckerrüben	258	254	289	321	366	257	240	219	221	164	367	239

Quelle: Direktion für Statistik.

79

Die relativ **niedrigen Hektarerträge** – auch der Staatsfarmen, die in den aufgrund der natürlichen Bedingungen
für die landwirtschaftliche Produktion besser geeigneten
Regionen des Landes liegen, (vgl. Tabelle 15.1; zum
Vergleich: die Hektarerträge in der Bundesrepublik liegen
für Weizen bei rund 50 Doppelzentner, für Kartoffeln bei
fast 300 und für Zuckerrüben bei über 450 Doppelzentner) –
zeigen jedoch, daß die albanische Landwirtschaft noch über
Produktionsreserven verfügt. Auf mittlere Sicht wäre es
jedoch sinnvoll, die landwirtschaftliche Produktion in der
Hügelregion auf weniger kostenintensive, exportfähige Produkte umzustellen und die Landwirtschaft in der Bergregion
auf extensive Viehwirtschaft zu beschränken. Das heißt,
Albanien muß künftig versuchen, seine komparativen Vorteile
zu nutzen und vermehrt Agrarprodukte (landwirtschaftliche
Rohstoffe, Zitrusfrüchte, Oliven etc.) exportieren, um Nahrungsmittel importieren zu können. Inwieweit dies gelingen
wird, wird wesentlich auch davon abhängen, ob es möglich
sein wird, durch Kooperation, Assoziation oder gar Mitgliedschaft in der Europäischen Gemeinschaft Zugang zu den
europäischen Märkten zu bekommen.

3. Außenhandelsstruktur und Zahlungsbilanz

Warenstruktur des albanischen Außenhandels

Betrachten wir zunächst die **Exportstruktur** Albaniens nach
Warengruppen. Wie aus Tabelle 16 ersichtlich, machten
Brennstoffe, Mineralien und Metalle während des ganzen
vergangenen Jahrzehnts mehr als die Hälfte, zu Beginn des
Jahrzehnts sogar fast zwei Drittel des gesamten albanischen
Exports aus. Dieser Anteil war tendenziell deutlich rück-
läufig, nämlich von 62,6 % im Jahre 1980 auf 54,4 % 1989,
und betrug im Krisenjahr 1990 nur noch 46,5 %. Dagegen
nahm der Anteil des Exports von pflanzlichen und tierischen
Rohstoffen am Gesamtexport von 9,3 % im Jahre 1980 einiger-

Tabelle 16

EXPORTSTRUKTUR NACH WARENGRUPPEN
- in Mio. LEK -

	1970	1975	1980	1981	1982	1983	1984	1985	1986	1987	1988	1989	1990
Export insg.	616,8	1.222,4	2.487,2	2.882,4	2.571,2	2.368,7	2.225,6	2.100,8	2.490,1	2.489,2	2.549,2	3.029,2	2.288,5
Brennstoffe, Mineralien, Metalle	360,8	678,4	1.556,9	1.896,7	1.682,3	1.226,6	1.195,3	1.136	1.489,7	1.330,9	1.404,2	1.647,3	1.063,8
Anteil am Gesamtexport (i.v.H.)	58,5	55,5	62,6	65,8	65,4	51,8	53,7	54,1	59,8	53,5	55,1	54,4	46,5
Chemische Produkte	7,4	3,7	28,7	16,6	15,8	17,2	20,0	15,3	16,5	27,6	19,4	19,4	34,8
Anteil (i.v.H.)	1,2	0,3	1,2	0,6	0,6	0,7	0,9	0,7	0,7	1,1	0,8	0,6	1,5
Baumaterial	0,6	8,6	34,9	45,8	38,9	34,9	37,5	20,9	28,4	32,9	38,7	41,2	25,3
Anteil (i.v.H.)	0,1	0,7	1,4	1,6	1,5	1,5	1,7	1,0	1,1	1,3	1,5	1,4	1,1
Pflanzl. u. tierische Rohstoffe	80,8	114,9	232,4	209,7	240,1	286,4	271,4	301,7	316,3	411,1	329,3	437,0	350,2
Anteil (i.v.H.)	13,1	9,4	9,3	7,3	9,3	12,1	12,2	14,4	12,7	16,5	12,9	14,4	15,3
Lebendvieh			1,2	0,5	1,1	2,3	2,3	3,3	3,5	6,0	17,8	17,1	10,2
Anteil (i.v.H.)			0,0	0,0	0,0	0,1	0,1	0,2	0,1	0,2	0,7	0,6	0,4
Nahrungsmittelrohstoffe	13	266,4	27,7	1,2	1,7	22,1	16,2	2,1	1,0	1,3	62,1	50,3	44,6
Anteil (i.v.H.)	2,1	21,8	1,1	0,0	0,1	0,9	0,7	0,1	0,0	0,1	2,4	1,7	1,9
Nahrungsmittel	107,3		342,5	441,8	340,2	478,2	434,5	396,0	398,5	429,8	431,4	521,5	471,2
Anteil (i.v.H.)	17,4		13,8	15,3	13,2	20,2	19,5	18,8	16,0	17,3	16,9	17,2	20,6
Konsumgüter (ohne Nahr.mittel)	46,9	150,4	262,9	270,0	251,1	301,0	248,4	225,5	236,3	249,8	295,4	269,9	
Anteil (i.v.H.)	7,6	12,3	10,6	9,4	9,8	12,7	11,2	10,7	9,5	10,0	11,6	8,9	
Maschinen u. Ausrüstungen													18,4
Anteil (i.v.H.)													0,8

Quelle: Direktion für Statistik; eigene Berechnungen (Anteilswerte).

Tabelle 17

IMPORTSTRUKTUR NACH WARENGRUPPEN
- in Mio. LEK -

	1975	1980	1981	1982	1983	1984	1985	1986	1987	1988	1989	1990
Import insg.	2.483,2	2.499,2	2.810,4	3.320,0	2.829,6	2.622,4	2.520,8	2.665,8	2.649,8	3.217,5	3.792,0	3.796,6
1. Maschinen u. Ausrüstungen	1.216,8	661,8	550,6	920,3	1.047,9	956,9	808,5	789,0	916,1	1.160,8	1.070,0	
Anteil am Gesamtimport (i.v.H.)	49,0	26,5	19,6	27,7	37,0	36,5	32,1	29,6	34,6	36,1	28,2	
2. Baustoffe, Mineralien, Metalle	531,4	836,2	912,9	1.039,4	821,8	661,9	639,4	701,0	700,5	742,3	984,1	
Anteil (i.v.H.)	21,4	33,5	32,5	31,3	29,0	25,2	25,4	26,3	26,4	23,1	26,0	
3. Chem. Produkte	206,1	372,0	424,1	550,5	340,1	354,6	355,1	394,6	376,8	409,7	458,0	
Anteil (i.v.H.)	8,3	14,9	15,1	16,6	12,0	13,5	14,1	14,8	14,2	12,7	12,1	
4. Baumaterial	22,3	65,8	59,0	62,2	40,6	44,6	36,6	2,7	2,8	4,0	31,3	
Anteil (i.v.H.)	0,9	2,6	2,1	1,9	1,4	1,7	1,5	0,1	0,1	0,1	0,8	
5. Pflanzl. u. tierische Produkte	280,6	271,4	335,0	341,0	260,3	305,6	298,8	316,8	304,2	347,2	573,8	
Anteil (i.v.H.)	11,3	10,9	11,9	10,3	9,2	11,7	11,9	11,9	11,5	10,8	15,1	
6. Lebendvieh		0,2	0,8	2,0	3,4	6,2	2,7	3,0	5,0	0,2	0,8	
Anteil (i.v.H.)		0,0	0,0	0,1	0,1	0,2	0,1	0,1	0,2	0,0	0,0	
7. Nahrungsmittelrohstoffe	124,2	65,6	33,0	36,4	27,2	20,7	20,0	37,4	27,3	86,5	104,0	
Anteil (i.v.H.)	5,0	2,6	1,2	1,1	1,0	0,8	0,8	1,4	1,0	2,7	2,7	
8. Nahrungsmittel		100,1	147,4	173,0	136,6	98,5	209,3	203,5	143,0	262,4	274,0	
Anteil (i.v.H.)		4,0	5,2	5,2	4,8	3,8	8,3	7,6	5,4	8,2	7,2	
9. Konsumgüter (o. Nahr.mittel)	101,8	126,1	141,3	195,1	151,7	173,4	150,4	217,8	174,3	204,3	296,7	
Anteil (i.v.H.)	4,1	5,0	5,0	5,9	5,4	6,6	6,0	8,2	6,6	6,3	7,8	

Quelle: Direktion für Statistik, eigene Berechnungen (Anteilswerte).

maßen kontinuierlich zu und erreichte 1989 14,4 %, 1990 sogar 15,3 %. Überraschend ist, daß der Nahrungsmittelexport – vor den pflanzlichen und tierischen Rohstoffen – die zweitwichtigste Exportgütergruppe gewesen ist. Er erreichte Werte zwischen 13,2 % und etwas mehr als 20 % am Gesamtexport. An vierter Stelle stehen die Konsumgüterexporte. Sie machten während des gesamten Jahrzehnts rund 10-12 % am Gesamtexport aus. Die übrigen Exportgüter, chemische Produkte, Baumaterial, Lebendvieh und Nahrungsmittelrohstoffe, erreichten dagegen einen kaum nennenswerten Anteil am albanischen Export. Erst recht gilt dies für Maschinen und Ausrüstungen.

Auffallend ist, daß der Gesamtexport 1980 rund doppelt so hoch lag wie 1975 und daß er sich schon von 1970 auf 1975 nahezu verdoppelt hatte, während das Exportwachstum in den 80er Jahren stagnierte. Zwar nahm der Export zwischen 1980 und 1989 um durchschnittlich jährlich 2,2 % zu; doch selbst dieser relativ bescheidene Wert ergibt sich lediglich infolge des starken Exportanstiegs im Jahre 1989. Sieht man von diesem Ausnahmejahr ab, nahmen die albanischen Exporte in den 80er Jahren nicht mehr zu, genauer: 1987 wurde ebensoviel exportiert wie 1980, 1990 sogar 8 % weniger als 1980.

Im übrigen war der Anteil des Exports am BIP – im Gegensatz zu früheren offiziösen Verlautbarungen – während des ganzen Jahrzehnts höher als 10 %, meist über 15 %, was weniger die Exportstärke des Landes reflektiert als sein geringes Sozialprodukt und dessen unzulängliches Wachstum.

Die Exportschwäche während des gesamten Jahrzehnts resultierte ganz offensichtlich aus der Wachstumsschwäche der albanischen Wirtschaft. Sie führte nach 1981 zu **permanenten Handelsbilanzdefiziten**. Denn die Importe stiegen zwischen 1980 und 1990 um durchschnittlich jährlich 4,3 % an.

Was die **Struktur der Importe** betrifft, so steht der Import von Maschinen und Ausrüstungen seit 1983 mit Werten zwischen um 30 % und 37 % am Gesamtimport an erster Stelle. 1980-1982 nahmen diesen Platz die Importe von Baustoffen und Mineralien mit etwas über 30 % ein. Der Anteil dieser Gruppe fiel in der zweiten Hälfte der 80er Jahre auf ca. 25 %. An dritter Stelle stehen die Importe von chemischen Produkten, die meist Werte um 15 % erreichten, 1983, 1988 und 1989 allerdings etwas niedriger lagen. An vierter Stelle der albanischen Importe stehen pflanzliche und tierische Produkte mit einem erstaunlich konstanten Anteil von rund 10-12 %. Die Konsumgüterimporte machten zwischen 1980 und 1989 nur zwischen 5,0 % und 6,6 % an den Gesamtimporten aus, mit Ausnahme der Jahre 1986 und 1990, in denen sie einen Anteil von 8,2 % respektive 7,8 % erreichten. Der Anteil der Nahrungsmittelimporte betrug in der ersten Hälfte der 80er Jahre zwischen knapp 4 % und etwas mehr als 5 % am Gesamtimport, in der zweiten Hälfte zwischen 7,2 % und 8,3 %, mit Ausnahme des Jahres 1987, in dem dieser Wert nur 5,4 % erreichte.

1975 hatte der Anteil der Maschinen- und Ausrüstungsimporte bei knapp 50 % der Gesamtimporte gelegen. Dagegen betrug der Höchstwert dieser Importgütergruppe während des gesamten 80er Jahrzehnts nur 37 %. Offenbar war Albanien gezwungen, zur Aufrechterhaltung seiner Produktion, nicht zuletzt im Bereich der Schwerindustrie, Rohstoffe und Vorprodukte in gleichem bzw. wachsendem Umfang wie in den 70er Jahren einzuführen. Die ohnehin schon geringen Importe von Nahrungsmitteln und Konsumgütern konnten nicht weiter gekürzt werden, sondern nahmen tendenziell sogar zu. Dadurch verengte sich der Spielraum für die Importe von Maschinen und Ausrüstungen, die das Land ebenfalls dringend benötigt hätte.

Länderstruktur des albanischen Außenhandels

Während des ganzen Jahrzehnts gingen zwischen rund 40 % und
55 % der albanischen Exporte in RGW-Länder, rund 30-37 % in
westliche Industrieländer und um die 15 % bis etwas über
20 % in Entwicklungsländer (vgl. Tabelle 18). Die erste
Spalte dieser Tabelle reflektiert im Vergleich mit den folgenden die Veränderung der Länderstruktur der Exporte infolge des Bruchs mit der Volksrepublik China. Deren Anteil
am albanischen Export hatte 1975 noch über 20 % betragen,
ging dann Anfang der 80er Jahre auf Null zurück und erreichte erst 1987 wieder 6,1 %.

Unter den Handelspartnern Albaniens aus dem RGW-Bereich
dominierten die CSFR (damals noch CSSR) und Rumänien, mit
Anteilen der CSFR um 10 % oder leicht darüber und Rumäniens
meist leicht unter 10 % am Gesamtexport. Die DDR lag zwischen 1980 und 1987 bei Werten zwischen 5 % und 7,4 % und
erreichte 1988 8,2 % und 1989 9,2 %.

Haupthandelspartner bezüglich der albanischen Exporte
unter den westlichen Industrieländern waren die Nachbarn
Griechenland und Italien, allerdings mit relativ stark
schwankenden Anteilen. An dritter Stelle steht dann bereits
die Bundesrepublik, die vor allem in den letzten Jahren
des vergangenen Jahrzehnts 4 % bis etwas über 5 % der albanischen Ausfuhr aufnahm. Unter den Entwicklungsländern war
der Nachbar Jugoslawien naturgemäß der Haupthandelspartner,
wobei - offenbar infolge der jugoslawischen Krise - dessen
Aufnahmefähigkeit für albanische Exporte in den letzten
Jahren des abgelaufenen Jahrzehnts drastisch zurückging.

Der von Albanien praktizierte Bilateralismus im Außenhandel
bedingte, daß die Länderstruktur der Importe der der Exporte in weitaus größerem Maße entsprach, als dies normaler-
weise der Fall ist. So waren denn auch die RGW-Länder mit

Tabelle 18

GEOGRAPHISCHE VERTEILUNG DES EXPORTS
- in Mio. LEK -

	1975	1980	1981	1982	1983	1984	1985	1986	1987	1988	1989	1990
Export insg.	1.222,4	2.487,2	2.882,4	2.571,2	2.368,7	2.225,6	2.100,8	2.490,1	2.489,6	2.549,2	3.029,2	2.288,5
RGW-Länder insg.	573,3	1.013,9	1.178,9	1.113,4	1.263,5	1.155,0	1.151,7	1.255,7	1.260,0	1.385,0	1.650,9	1.059,3
Anteil (i.v.H.)	46,9	40,8	40,9	43,3	53,3	51,9	54,8	50,4	50,6	54,3	54,5	46,3
davon:												
Bulgarien	53,8	80,0	99,7	131,6	96,2	99,5	110,9	187,0	187,4	239,3	313,2	189,1
Anteil (i.v.H.)	4,4	3,2	3,5	5,1	4,1	4,5	5,3	7,5	7,5	9,4	10,3	8,3
Rumänien	50,1	261,7	269,7	194,5	270,6	246,5	202,2	235,7	232,0	247,0	274,5	106,9
Anteil (i.v.H.)	4,1	10,5	9,4	7,6	11,4	11,1	9,6	9,5	9,3	9,7	9,1	4,7
CSFR	163,8	230,5	273,7	257,4	302,1	282,8	258,6	301,2	307,7	256,6	345,8	335,6
Anteil (i.v.H.)	13,4	9,3	9,5	10,0	12,8	12,7	12,3	12,1	12,4	10,1	11,4	14,7
Ungarn	68,5	77,7	132,2	142,8	134,9	144,9	182,2	126,2	154,3	151,7	112,2	128,5
Anteil (i.v.H.)	5,6	3,1	4,6	5,6	5,7	6,5	8,7	5,1	6,2	6,0	3,7	5,6
Polen	108,8	189,1	187,7	167,0	203,0	159,6	175,1	175,4	149,6	191,6	202,4	107,2
Anteil (i.v.H.)	8,9	7,6	6,5	6,5	8,6	7,2	8,3	7,0	6,0	7,5	6,7	4,7
DDR	89,2	124,3	160,2	128,1	167,9	163,9	156,3	141,0	168,8	209,4	278,4	101,2
Anteil (i.v.H.)	7,3	5,0	5,6	5,0	7,1	7,4	7,4	5,7	6,8	8,2	9,2	4,4
Andere	39,1	50,6	55,7	92,0	88,8	57,8	66,4	89,2	60,2	89,4	124,4	90,8
Anteil (i.v.H.)	3,2	2,0	1,9	3,6	3,7	2,6	3,2	3,6	2,4	3,5	4,1	4,0
Industrieländer insg.	230,3	938,6	1.064,5	880,8	710,2	686,7	609,1	714,2	744,4	789,1	984,4	862,5
Anteil (i.v.H.)	18,8	37,7	36,9	34,3	30,0	30,9	29,0	28,7	29,9	31,0	32,5	37,7
davon:												
BRD	20,8	114,0	53,2	67,0	70,2	87,2	74,5	80,4	99,1	108,8	147,6	120,5
Anteil (i.v.H.)	1,7	4,6	1,8	2,6	3,0	3,9	3,5	3,2	4,0	4,3	4,9	5,3

Tabelle 18 Fortsetzung

	1975	1980	1981	1982	1983	1984	1985	1986	1987	1988	1989	1990
Italien	102,7	237,9	274,3	168,6	117,2	98,3	41,4	86,4	109,0	161,4	238,3	205,1
Anteil (i.v.H.)	8,4	9,6	9,5	6,6	4,9	4,4	2,0	3,5	4,4	6,3	7,9	9,0
Griechenland	40,3	284,9	345,4	162,1	95,6	115,4	116,9	169,7	136,3	47,2	89,8	65,8
Anteil (i.v.H.)	3,3	11,5	12,0	6,3	4,0	5,2	5,6	6,8	5,5	1,9	3,0	2,9
Frankreich	12,2	65,2	97,8	42,4	34,2	38,2	39,3	47,6	49,1	41,9	51,8	32,2
Anteil (i.v.H.)	1,0	2,6	3,4	1,6	1,4	1,7	1,9	1,9	2,0	1,6	1,7	1,4
Japan	9,8	13,9	10,4	16,9	13,7	10,5	59,6	30,5	39,1	45,9	52,4	48,8
Anteil (i.v.H.)	0,8	0,6	0,4	0,7	0,6	0,5	2,8	1,2	1,6	1,8	1,7	2,1
Österreich	14,7	48,8	26,5	51,9	47,3	52,9	38,3	37,4	87,6	137,4	123,6	107,5
Anteil (i.v.H.)	1,2	2,0	0,9	2,0	2,0	2,4	1,8	11,5	3,5	5,4	4,1	4,7
Entwicklungs- länder insg.	418,8	533,7	639,0	577,0	395,0	383,9	340,0	520,2	485,2	375,1	393,4	366,7
Anteil (i.v.H.)	34,3	21,5	22,2	22,4	16,7	17,2	16,2	20,9	19,5	14,7	13,0	16,0
davon: Jugoslawien	129,6	420,9	575,9	461,0	312,6	311,7	274,3	347,1	276,9	180,9	149,2	174,0
Anteil (i.v.H.)	10,6	16,9	20,0	17,9	13,2	14,0	13,1	13,9	11,1	7,1	4,9	7,6
VR China	276,3	0,0	0,0	0,0	21,6	18,1	44,6	123,1	151,0	130,7	170,6	111,6
Anteil (i.v.H.)	22,6				0,9	0,8	2,1	4,9	6,1	5,1	5,6	4,9
Türkei	6,1	61,5	31,9	22,7	0,8	4,4	7,3	2,2	3,8	4,3	6,9	9,4
Anteil (i.v.H.)	0,5	2,5	1,1	0,9	0,0	0,2	0,3	0,1	0,2	0,2	0,2	0,4
Ägypten	0,0	9,6	6,9	3,0	9,5	13,3	1,0	26,2	37,6	31,6	34,3	37,9
Anteil (i.v.H.)		0,4	0,2	0,1	0,4	0,6	0,0	1,1	1,5	1,2	1,1	1,7
Andere	6,8	41,7	24,3	90,3	50,5	36,4	12,8	21,6	15,9	27,6	32,4	33,8
Anteil (i.v.H.)	0,6	1,7	0,8	3,5	2,1	1,6	0,6	0,9	0,6	1,1	1,1	1,5

Quelle: Direktion für Statistik; eigene Berechnungen (Anteilswerte).

87

Tabelle 19

GEOGRAPHISCHE VERTEILUNG DES IMPORTS
- in Mio. LEK -

	1975	1980	1981	1982	1983	1984	1985	1986	1987	1988	1989	1990
Import insg.	2.483,2	2.499,2	2.810,4	3.320,0	2.829,6	2.622,4	2.520,8	2.665,8	2.649,8	3.217,5	3.792,0	3.796,6
RGW-länder insg.	494,2	1.059,7	1.053,5	1.301,0	1.382,3	1.246,1	1.321,5	1.408,8	1.400,3	1.633,4	1.698,4	1.556,0
Anteil (i.v.H.)	19,9	42,4	37,5	39,2	48,9	47,5	52,4	52,8	52,8	50,8	44,8	41,0
davon:												
Bulgarien	44,7	90,0	97,5	134,7	126,0	95,9	99,8	215,1	210,7	298,3	277,3	253,2
Anteil (i.v.H.)	1,8	3,6	3,5	4,1	4,5	3,7	4,0	8,1	8,0	9,3	7,3	6,7
Rumänien	59,6	217,4	235,8	289,8	278,1	264,2	280,1	226,5	250,3	259,1	265,1	186,0
Anteil (i.v.H.)	2,4	8,7	8,4	8,7	9,8	10,1	11,1	8,5	9,4	8,1	7,0	4,9
CSFR	149,0	262,4	247,7	285,4	299,4	311,4	287,3	328,5	381,8	362,1	329,6	323,8
Anteil (i.v.H.)	6,0	10,5	8,8	8,6	10,6	11,9	11,4	12,3	14,4	11,3	8,7	8,5
Ungarn	49,7	90,0	128,0	155,7	160,0	138,2	175,9	199,2	150,4	148,6	129,0	132,0
Anteil (i.v.H.)	2,0	3,6	4,6	4,7	5,7	5,3	7,0	7,5	5,7	4,6	3,4	3,5
Polen	69,5	180,0	142,8	215,9	259,8	201,0	210,6	201,4	168,0	223,4	230,1	165,9
Anteil (i.v.H.)	2,8	7,2	5,1	6,5	9,2	7,7	8,4	7,6	6,3	6,9	6,1	4,4
DDR	72,0	152,4	123,1	137,1	181,3	152,5	164,5	157,5	171,3	236,3	324,1	370,9
Anteil (i.v.H.)	2,9	6,1	4,4	4,1	6,4	5,8	6,5	5,9	6,5	7,3	8,5	9,8
Andere	49,7	67,5	78,6	82,5	77,7	82,8	103,5	80,6	67,8	105,3	143,2	124,2
Anteil (i.v.H.)	1,9	2,7	2,8	2,5	2,7	3,2	4,1	3,0	2,6	3,3	3,8	3,3
Industrieländer insg.		919,3	1.295,6	1.441,1	1.069,1	982,2	838,4	747,1	707,7	1.011,1	1.593,3	1.701,9
Anteil (i.v.H.)		36,8	46,1	43,4	37,8	37,5	33,3	28,0	26,7	31,4	42,0	44,8
davon:												
BRD	77,0	242,4	290,2	340,3	214,9	166,8	164,1	192,7	178,3	196,4	354,0	297,9
Anteil (i.v.H.)	3,1	9,7	10,3	10,3	7,6	6,4	6,5	7,2	6,7	6,1	9,3	7,8

Tabelle 19 Fortsetzung

	1975	1980	1981	1982	1983	1984	1985	1986	1987	1988	1989	1990
Italien	119,2	172,4	234,3	332,2	224,3	170,7	115,8	124,8	143,5	231,8	330,9	375,8
Anteil (i.v.H.)	4,8	6,9	8,3	10,0	7,9	6,5	4,6	4,7	5,4	7,2	8,7	9,9
Griechenland	27,3	187,4	114,2	126,2	101,3	121,3	188,3	101,0	95,7	157,4	274,5	209,1
Anteil (i.v.H.)	1,1	7,5	4,1	3,8	3,6	4,6	7,5	3,8	3,6	4,9	7,2	5,5
Frankreich	24,8	35,0	73,0	77,9	126,8	219,8	110,1	46,5	55,0	46,2	65,9	99,5
Anteil (i.v.H.)	1,0	1,4	2,6	2,3	4,5	8,4	4,4	1,7	2,1	1,4	1,7	2,6
Japan	9,9	15,0	24,1	84,4	39,8	32,3	5,7	7,7	3,5	3,7	6,6	2,0
Anteil (i.v.H.)	0,4	0,6	0,9	2,5	1,4	1,2	0,2	0,3	0,1	0,1	0,2	0,1
Österreich	39,7	77,5	129,4	102,4	82,8	87,4	64,0	65,8	68,7	82,3	143,2	225,5
Anteil (i.v.H.)	1,6	3,1	4,6	3,1	2,9	3,3	2,5	2,5	2,6	2,6	3,8	5,9
Niederlande	24,8	52,5	65,4	89,9	77,2	61,9	40,6	50,6	64,1	73,7	95,8	86,5
Anteil (i.v.H.)	1,0	2,1	2,3	2,7	2,7	2,4	1,6	1,9	2,4	2,3	2,5	2,3
Entwicklungs-länder insg.		520,2	461,4	578,1	377,2	393,4	360,8	509,9	541,8	573,2	500,3	538,7
Anteil (i.v.H.)		20,8	16,4	17,4	13,3	15,0	14,3	19,1	20,4	17,8	13,2	14,2
davon:												
Jugoslawien	84,4	397,4	354,9	502,6	293,9	318,1	282,0	364,5	258,4	136,5	181,7	186,4
Anteil (i.v.H.)	3,4	15,9	12,6	15,1	10,4	12,1	11,2	13,7	9,8	4,2	4,8	4,9
VR China	1.544,6				14,3	35,2	50,2	105,9	194,0	281,4	166,6	236,5
Anteil (i.v.H.)	62,2				0,5	1,3	2,0	4,0	7,3	8,7	4,4	6,2
Türkei		67,5	49,5	3,9	2,6	1,7	3,4	4,4	8,8	19,6	38,9	54,1
Anteil (i.v.H.)		2,7	1,8	0,1	0,1	0,1	0,1	0,2	0,3	0,6	1,0	1,4
Ägypten		7,5	19,5	29,3	6,6			5,9	47,3	58,2	45,3	44,4
Anteil (i.v.H.)		0,3	0,7	0,9	0,2			0,2	1,8	1,8	1,2	1,2
Andere	47,8	47,8	37,5	42,3	59,8	38,4	25,2	29,2	33,3	77,5	67,8	17,3
Anteil (i.v.H.)	1,9	1,9	1,3	1,3	2,1	1,5	1,0	1,1	1,3	2,4	1,8	0,5

Quelle: Direktion für Statistik; eigene Berechnungen (Anteilswerte).

Anteilen von knapp 40 % bis etwas über 50 % am albanischen Import die wichtigsten Lieferländer (vgl. Tabelle 19). Trotz des beiderseitigen Interesses am bilateralen Handelsbilanzausgleich gelang es Albanien in den 80er Jahren nicht, diesen Ausgleich zu erreichen; nur 1981 erzielte es einen leichten Überschuß gegenüber dieser Ländergruppe, in allen übrigen Jahren waren - zum Teil beträchtliche - Defizite hinzunehmen. Noch stärker defizitär war der Handel mit den westlichen Industrieländern. Dies gilt besonders für den Warenaustausch mit der Bundesrepublik, deren Handelsbilanz gegenüber Albanien während der ganzen 80er Jahre deutlich positiv gewesen ist, aber auch für Italien, Frankreich, Österreich und vor allem die Niederlande. Überschüsse erzielte Albanien lediglich im Handel mit Entwicklungsländern, und das auch nur während der ersten Hälfte des Jahrzehnts. Seit 1983 wurde auch wieder mit China Handel getrieben; dabei gelang es bis einschließlich 1986, durch wechselnde Defizite und Überschüsse die Handelsbilanz über mehrere Jahre hin auszugleichen, doch danach konnte Albanien nicht mehr im gleichen Umfang nach China exportieren, wie es von dort Waren bezog.

Handelsbilanz, Zahlungsbilanz, Verschuldung

Aus Tabelle 20 ergibt sich, daß Albanien der Handelsbilanzausgleich seit 1982 nicht mehr gelang. 1980/81 war noch insgesamt ein Plus von 8 Mio. US-$ erreicht worden, die Handelsbilanz also ungefähr ausgeglichen. Danach setzten jedoch jährliche Defizite ein, die - nach einer Abschwächung 1986/87 - gegen Ende des Jahrzehnts stark anstiegen.

Der Handel des Landes in freien Devisen war während des gesamten Jahrzehnts defizitär; das kumulierte Defizit der Jahre 1980-1990 beträgt 492 Mio. US-Dollar. Der Handel in Clearing-Rubel war nur während zweier Jahre leicht überschüssig und weist ein kumuliertes Defizit von umgerechnet

Tabelle 20

HANDELSBILANZ 1 9 8 0 - 1 9 9 0
- in Mio. US-Dollar -

	1980	1981	1982	1983	1984	1985	1986	1987	1988	1989	1990
Export insgesamt	311	361	321	296	278	262	312	311	319	380	286
davon in:											
Clearing-Rubel	94	113	117	137	124	125	157	157	173	207	132
Clearing-Dollar	118	97	68	45	46	46	59	54	39	40	31
freien Devisen	99	151	136	114	108	91	96	100	107	133	123
Import insgesamt	313	351	415	354	328	316	333	332	402	474	473
davon in:											
Clearing-Rubel	100	99	135	148	133	143	176	174	203	203	192
Clearing-Dollar	104	72	70	42	48	48	57	55	52	43	44
freien Devisen	109	180	210	164	147	125	100	103	147	228	237
davon:											
Anlagen insg.	18	37	51	51	65	45	36	47	70	53	38
wovon wiederum in:											
Clearing-Rubel			17	22	18	17	15	15	28	26	19
Clearing-Dollar			8	7	9	5	4	14	26	12	3
freien Devisen			25	22	37	23	18	18	16	15	15
Saldo	-2	+10	-94	-58	-50	-54	-21	-21	-83	-94	-187
davon in:											
Clearing-Rubel	-6	+14	-18	-11	-9	-18	-19	-17	-30	+4	-60
Clearing-Dollar	+14	+25	-2	+3	-2	-2	+2	-1	-13	-3	-13
freien Devisen	-10	-29	-74	-50	-39	-34	-4	-3	-40	-95	-114

Quelle: Direktion für Statistik; eigene Berechnungen.

170 Mio. Dollar auf. Lediglich der Handel auf der Basis von Clearing-Dollar war mit einem kumulierten Plus von 8 Mio. Dollar in etwa ausgeglichen. Unter der Annahme, daß auch die in der Vergangenheit entstandenen Clearingrubel-Defizite in harten Währungen zu begleichen sein werden, erscheint es gerechtfertigt, diesen Saldo zu den Devisensalden hinzuzufügen, so daß demnach in den 80er Jahren ein kumuliertes Handelsbilanzdefizit von insgesamt 654 Mio. US-Dollar entstanden ist.

Davon entfallen nach den - von Tabelle 20 leicht abweichenden - Angaben in Tabelle 21 469 Mio. US-Dollar auf die zweite Hälfte der 80er Jahre. Hinzu kommt ein kumulierter Negativsaldo aus anderen Einnahmen / Ausgaben von 13 Mio. Dollar, während die kumulierte Dienstleistungsbilanz in Höhe von 214 Mio. US-Dollar positiv war. Damit ergibt sich ein kumuliertes **Defizit der Zahlungsbilanz** für die letzten 6 Jahre des vergangenen Jahrzehnts in Höhe von 268 Mio. Dollar. Zieht man davon die kumulierten Überschüsse aus den Jahren zuvor in Höhe von 12 Mio. Dollar ab, kommt man für das Gesamtjahrzehnt zu einem kumulierten Zahlungsbilanzdefizit von 256 Mio. Dollar Ende 1990.

Nach offiziellen Angaben beträgt die Auslandsverschuldung Albaniens inzwischen - Ende April 1991 - rd. 350 Mio. Dollar. Zu den 256 Mio. Dollar Schulden aus dem kumulierten Zahlungsbilanzdefizit bis Ende 1990 kam demnach in den ersten 4 Monaten 1991 ein dramatisch angestiegenes Zahlungsbilanzdefizit in Höhe von ca. 94 Mio. US-Dollar hinzu.[37]

Was die Zahlungsbilanzentwicklung betrifft, so springt das permanente und seit 1988 rapide wachsende Defizit ins Auge, wobei die neuen Verbindlichkeiten fast ausschließlich in harten Währungen entstanden.

Tabelle 21

ZAHLUNGSBILANZ FÜR DIE JAHRE 1 9 8 5 - 1 9 9 0
- in Mio. US-Dollar -

	1985	1986	1987	1988	1989	1990
A. Einnahmen insgesamt	310	351	357	373	462	354
1. Ausfuhr	263	311	311	319	379	286
2. Transportleistungen	17	18	20	20	23	19
3. Andere Dienstleist.	15	18	25	34	46	44
4. Andere Einnahmen	15	4	1		14	5
B. Ausgaben insgesamt	317	362	369	434	558	61
1. Einfuhr	315	337	337	402	474	473
2. Dienstleistungen	10	12	13	14	17	19
3. Negativsaldo a.d.Vorj.	-12	7	11	12	61	96
4. Andere Ausgaben	4	6	8	6	6	22
C. Saldo zum Jahresende der:	-19	-4	-1	-49	-35	-160
Handelsbilanz	-52	-26	-26	-83	-95	-187
Dienstleist.bilanz	+22	+24	+32	+40	+52	+44
sonst. Einnahmen/ Ausgaben	+11	-2	-7	-6	+8	-17
Davon in:						
Clearing-Rubel	7	3,5	0,5	-13	4	-43
Clearing-Dollars	-8	-9	-12	-24	-21	-41
konvertibler Währung	-6	-5,5	-0,5	-24	-79	-172

Quelle: Direktion für Statistik; eigene Berechnungen.

Ursächlich dafür war ein chronisches - nach einer gewissen
Konsolidierung vor allem in den Jahren 1986 und 87 -,
zum Ende des Jahrzehnts bedrohlich ansteigendes Handelsbilanzdefizit, welches daraus resultierte, daß das Wachstum
der Importe größer war als das der Exporte. 1990 ging bei
gegenüber 1989 unverändertem Import der Export um fast
25 % zurück.Diese Entwicklung hat sich in der gegenwärtigen
Krise fortgesetzt, weil bei fast zum Stillstand gekommener
Produktion die Regierung verstärkt auch Nahrungsmittel
importieren muß, während der Export weiter drastisch zu-
rückgeht.

4. Infrastruktur

Die Infrastruktur Albaniens ist einerseits unterentwickelt und andererseits in einem schlechten Zustand, der daraus resultiert, daß die Einrichtungen veraltet sind und im letzten Jahrzehnt nicht in ausreichendem Maße instand gehalten werden konnten.

Straßen: Zur Zeit gibt es 18.000 km Straßen, davon 8.000 km Hauptstraßen, die dem Ministerium für Transport unterstehen, während für die restlichen 10.000 Straßenkilometer die Bezirke zuständig sind. Von den 8.000 km Hauptstraßen sind nur 2.800 km asphaltiert, davon wiederum 75 % 15-20 Jahre alt und in einem schlechten Erhaltungszustand.

Schienenverkehr: Das albanische Schienennetz ist 742 km lang, wovon 442 km Hauptlinien sind. Alle Linien sind einspurig und nicht elektrifiziert. Das rollende Material ist in einem erbarmungswürdigen Zustand.

Häfen: Der Hafen von Durres ist nur 7,5-9,5 m tief. Vor einigen Jahren wurde mit einem teilweisen Ausbau auf 11,5 m begonnen. Die Arbeiten mußten jedoch eingestellt werden, weil dabei technische Probleme auftraten, die die Albaner mit ihrer Technologie nicht bewältigen können. 1988 und 1989 wurden in Durres rund 2,8 Mio. t umgeschlagen. Der Hafen von Vlora besteht nur aus einer Mole mit einer Umschlagskapazität von nur 260.000 t pro Jahr. Von noch geringerer Bedeutung sind die Häfen von Saranda und Shengjin, in denen in den letzten Jahren zusammengenommen etwa die gleichen Umschlagszahlen erreicht wurden wie in Vlora.

Flugverkehr: Der Flughafen Rinas, etwa 25 km von Tirana entfernt gelegen, ist 1948-1950 gebaut worden. Die Startbahn ist nur für Starts und Landungen von Flugzeugen bis 150 t geeignet. Sie ist zudem in einem außerordentlich schlechten Zustand. Die Zahl der Starts und Landungen von Verkehrsflugzeugen liegt gegenwärtig bei etwa 2 am Tag.

Telekommunikation: Seit ein paar Jahren ist Albanien an das internationale Direktwähl-Telefonnetz angeschlossen. Doch die Herstellung von Verbindungen tagsüber, z.B. zwischen der Bundesrepublik und Tirana, ist mehr oder weniger ein Glücksspiel. Zudem sind die Leitungen meist schlecht und brechen häufig zusammen. Im Lande selbst verfügen nur 2 von 100 Haushalten über einen privaten Telefonanschluß. Die Leitungskapazität zur Verbindung der einzelnen Städte untereinander dürfte weitgehend unzureichend sein. Bisher sind nur die Kreise Tirana, Durres, Elbasan und Korça an das automatische Fernwählnetz angeschlossen.

Touristische Infrastruktur: Zur Zeit gibt es 3.500 Hotelbetten im Land, wovon 1.500 für den Tourismus vorgesehen sind. Alle Hotels sind dringend renovierungsbedürftig, wenn nicht gar abbruchreif.

5. Abschätzung der künftigen Produktionsstruktur

Der gegenwärtige Wirtschaftsminister, Gramoz Pashko, der sich schon als Professor für Wirtschaftswissenschaften intensiv mit den Entwicklungsproblemen des Landes befaßt hat, scheint einigermaßen konkrete Vorstellungen über den notwendigen Strukturwandel in Albanien zu haben. Im Bereich der **Schwerindustrie** scheint er entschlossen zu sein, nur diejenigen Betriebe zu erhalten und zu modernisieren, von denen erwartet werden kann, daß sie nach einer außenwirtschaftlichen Öffnung des Landes im internationalen Wettbewerb werden bestehen können. Das wird schmerzliche Stillegungen notwendig machen. So scheinen nur einzelne Teilbetriebe des metallurgischen Kombinats in Elbasan, das 11.000 Arbeitnehmer beschäftigt, erhaltenswert zu sein. Dies nicht nur, weil das Stahlwerk nur mit einem kaum bezahlbaren Aufwand modernisiert werden könnte, sondern auch weil es außerordentlich fraglich erscheint, ob dieses auf Importkohle angewiesene Werk selbst mit wiederhergestellten und moderneren Anlagen im internationalen Wettbewerb bestehen könnte. Ähnliche Probleme scheint es auch bei anderen Betrieben im Bereich der Schwerindustrie zu geben. Pashko und andere Ökonomen sind daher der Überzeugung, daß in Zukunft in Albanien bevorzugt die **Leichtindustrie**, und dabei besonders die **Nahrungsmittelindustrie**, entwickelt werden sollte.

Im Bereich der **Grundstoffproduktion** setzt das Land auf eine verstärkte Erdölförderung und den forcierten Abbau **mineralischer Rohstoffe**, wobei die Weiterverarbeitung im Lande zum Zwecke der Erhöhung des Wertes der Exporte ausgeweitet werden soll. Bezüglich der Erzeugung von **Hydroenergie** sind angeblich bisher nur 40 % der Möglichkeiten des Landes für die Errichtung von Wasserkraftwerken genutzt. Es soll daher künftig eine größere Anzahl kleinerer Kraftwerke entstehen.

Weitgehend Übereinstimmung unter den Ökonomen des Landes herrscht auch darüber, daß die **Landwirtschaft** gründlich umstrukturiert werden muß. Die durch die Selbstversorgungspolitik bewirkte Fehlallokation der landwirtschaftlichen Nutzflächen soll rückgängig gemacht werden. Gleichzeitig soll die Landwirtschaft, vor allem in den Bereichen, in denen die natürlichen Bedingungen eine Steigerung der Hektarerträge versprechen, verstärkt mechanisiert werden.

Eine Produktivitätssteigerung in der Landwirtschaft verspricht man sich zudem von der Erhöhung der Privatflächen der Landarbeiter und Genossenschaftsbauern auf ungefähr 0,4 Hektar pro Familie (die bereits eingeleitet wurde), sowie von der Umgestaltung der bisher vom Parteieinfluß dominierten, quasi-staatlichen Kooperativen im Hügelland und in den Bergen zu Genossenschaften westlichen Typs, das heißt zu freiwilligen Zusammenschlüssen im Grunde privater Bauern zu bestimmten Zwecken, wie z.B. Weiterverarbeitung und Marketing.

Chancen sieht man auch im Ausbau des Dienstleistungssektors. Von einer stärkeren Einbeziehung des bisher isolierten Landes in den europäischen Verkehr erwartet man langfristig beträchtliche Deviseneinnahmen. Als wichtiger Zukunftssektor in diesem Bereich wird auch immer wieder der **Tourismus** genannt. Dafür verfügt Albanien mit seiner Adriaküste, seinen antiken Stätten und seiner reizvollen Landschaft durchaus über eine entwicklungsfähige Grundlage. Die Planungen in der ehemaligen Plankommission für den Tourismussektor gehen von einer Art Soft-Tourismuskonzeption aus. Große Touristen-Hotels sollen nur in den Städten gebaut werden. An der See sollen 30 bis 35.000 Betten in dorfartigen Hotelsiedlungen entstehen, weitere 5.000 sind geplant für Wanderer und Besucher der antiken Stätten. Für die Investitionen in diesem Bereich setzt man auf ausländisches Kapital. Konkrete Vorhaben existieren jedoch bisher noch nicht. Ein interessantes Projekt könnte der vorgesehene Ausbau des Hafens von Saranda in einen Yachthafen für die Adria-Sportschiffahrt werden, obgleich die davon zu erwartenden Deviseneinnahmen sich sicherlich in Grenzen halten werden; man darf aber nicht vergessen, daß für das kleine und bettelarme Albanien ganz andere Maßstäbe gelten, als wir sie anzulegen gewohnt sind.

Als Voraussetzung für die Überwindung der Unterentwicklung des Landes wird es notwendig sein, die **Verkehrsinfrastruktur** zu reparieren, zu renovieren und in erheblichem Umfang auszubauen.

Planungen für den großzügigen Ausbau der Verkehrseinrichtungen gibt es, jedoch bisher keinerlei Vorstellungen über
die Finanzierung der ehrgeizigen Projekte. Albanien beabsichtigt, sich einem von UNDP und ECE geförderten Zusammenschluß von zehn ost- und südosteuropäischen Staaten (zu
denen auch Österreich und Griechenland gehören) anzuschlie
ßen; Zweck dieses Zusammenschlusses ist die Schaffung einer
osteuropäischen Nord-Süd-Autobahn (Trans-European-North-
South-Motorway). Im Rahmen dieses Projekts plant Albanien
mittel- bis langfristig den Bau einer Nord-Süd-Autobahn
von der jugoslawischen Grenze bei Titograd über Vlora
und Saranda nach Igoumenitsa. Bei einer Streckenlänge von
350 km geht man von Investitionskosten in Höhe von einer
Milliarde Dollar für dieses Projekt aus. Geplant ist ferner
eine West-Ost-Autobahn von Durres über Tirana, Elbasan
nach Osten, wo sie sich nach Norden und Süden verzweigen
soll; nördlich soll sie nach Skopje und südlich nach
Saloniki führen. Für die ungefähr 200 Km auf albanischem
Gebiet rechnet man nach heutigem Stand mit etwa 600 Mrd.
Dollar an Investitionskosten. Nach Westen soll diese
Autobahn über Fähren an das italienische Autobahnsystem
angebunden werden, und zwar nach Bari und Brindisi. Was
die **Bahn** betrifft, so wird es zunächst darauf ankommen, das
rollende Material zu erneuern. Sodann soll langfristig im
Raume Tirana, Durres und Rogozina die bestehende Trasse auf
zwei Spuren ausgebaut und elektrifiziert werden. Für dieses
Projekt veranschlagt man 100 Mio. Dollar an Investitionskosten. Weitere Ausbaupläne sehen eine Bahnverbindung zu dem
Bergbauzentrum bei Klos vor, eine Verbindung mit Griechenland entlang der geplanten Autobahn und eine Nord-Ost-Verbindung nach Jugoslawien.

Bei einem Sozialprodukt von unter 2 Mrd. US-Dollar sind
diese Infrastrukturprojekte für Albanien nicht finanzierbar. Ihre Realisierung würde privates ausländisches
Engagement voraussetzen. Ein solches erscheint jedoch um so

unwahrscheinlicher, wie die politischen Verhältnisse in der Region - besonders in dem Albanien halb umgebenden Jugoslawien - instabil sind. Aufgrund der Verhältnisse in Jugoslawien wird Albanien in einer europäischen Randlage verbleiben, die private Infrastrukturinvestitionen unwahrscheinlich macht. Selbst wenn sich die Lage in Jugoslawien rasch ändern und dieses Land Anschluß an Europa finden sollte, wird Albanien kaum in einem so großen Ausmaß für den Nord-Süd- oder West-Ost-Verkehr auf dem Balkan bedeutsam werden, daß es auf ausländische Finanzierung seiner Autobahnprojekte hoffen kann.

Noch wenig konkret scheinen die Planungen für eine bessere Anbindung des Landes an den internationalen **Luftverkehr** zu sein. Um den Flughafen von Rinas zu reparieren und auszubauen, damit er halbwegs internationalen Standards genügen würde, wären nach Schätzungen rd. 250 Mio. Dollar zu investieren. Auch dann wäre Rinas im europäischen Flugnetz nur von untergeordneter Bedeutung. Ausländische "Experten", die die Situation untersucht und die Plankommission in dieser Sache beraten haben, schlagen daher vor, zwischen Durres und Tirana oder bei Lushnie einen neuen internationalen Großflughafen zu bauen, mit einem Investitionsaufwand von einer Milliarde Dollar. Sie meinen, daß dieser internationale Flughafen die mitteleuropäischen Flughäfen entlasten und durch eine Drehscheibenfunktion im internationalen Flugverkehr einen Teil der Investitionskosten erwirtschaften könnte.

Wie realistisch solche Vorstellungen sind, vermögen wohl nur Verkehrsexperten einzuschätzen. Auf mittlere Sicht wird Albanien wohl kaum mehr erreichen können als eine Reparatur und einen beschränkten Ausbau der bestehenden Verkehrsinfrastruktur, insbesondere der Hauptstraßen und der Häfen.

6. Künftige Spezialisierungsmuster im Außenhandel

Albanien setzt auch künftig auf den Export von **mineralischen Rohstoffen** in unverarbeiteter, vor allem aber in veredelter Form. Die erste Stelle nimmt dabei das Chromerz ein. Der Export von Ferrochrom und Chromkonzentrat machte in den letzten 5 Jahren zwischen 17 % und 21 % am Gesamtexport aus.[38] Albanien nimmt den dritten Platz in der Welt in der Chromproduktion ein - nach Südafrika und der Sowjetunion - und den zweiten Platz als Exporteur von Chrom. Die Weiterverarbeitung von Chrom findet zur Zeit in zwei Ferrochromfabriken statt, eine in Burrel (Nordostalbanien, nahe den Lagerstätten mit hohem Chromgehalt), eine in Elbasan (im erwähnten matallurgischen Kombinat). Beide Fabriken können über 100.000 t Chromerz verarbeiten und über 30.000 t Ferrochrom produzieren, das größtenteils exportiert wird.

Geplant ist die Verbesserung der Technologie sowohl beim Abbau als auch bei der Weiterverarbeitung des Chroms. Darüber hinaus sollen zwei neue Chrombergwerke mit einer Kapazität von zusammen über 200.000 t jährlich in Angriff genommen werden, außerdem drei Fabriken, mit deren Hilfe die Kapazität für die Anreicherung auf ca. 250.000 t jährlich gebracht werden soll. Darüber hinaus sollen zwei Ferrochrom-Werke mit einer Kapazität von 100.000 t jährlich errichtet werden. Dadurch soll in Zukunft eine größere Menge und eine bessere Qualität von Chromerz, Konzentrat und Ferrochrom für den Export hergestellt werden.

Albanien produziert darüber hinaus zur Zeit Eisen- und Nickelerz mit einem Gehalt an Eisen von 44 %, an Nickel von 11 % und an Kobalt von bis zu 0,065 %; von der Produktion von über 1 Mio. t jährlich werden ungefähr 40 % exportiert. Darüber hinaus werden Roheisen und metallisches Nickel exportiert.

Albanien verfügt über eine Kapazität zur Gewinnung von über 900.000 t Kupfererz pro Jahr, wovon zwei Drittel in 7 Fabriken angereichert werden. Das Kupfer wird zu einem größeren Ausmaß im Lande weiterverarbeitet als die anderen Mineralien; es wird hauptsächlich in Form von Drähten und Kabeln in mehr als 15 Länder der Welt exportiert - bisher allerdings überwiegend in osteuropäische Länder. Um besser auf den westlichen Märkten Fuß zu fassen, soll eine Spezialfabrik für die Produktion von dünneren Kupferdrähten (7,2-8 mm) errichtet werden. Darüber hinaus sollen künftig verstärkt auch andere Kupferprodukte für den Export hergestellt werden.

Neben dem Export mineralischer Rohstoffe und daraus erstellten Halb- und Fertigfabrikaten setzt Albanien für die Zukunft auf den Export von **elektrischer Energie**. Gegenwärtig verfügt das Land über 8 Wasserkraftwerke mit einer Gesamtkapazität von 2.000 MW. Wenn es stimmt, daß bisher nur 40 % der Wasserkraftreserven genutzt werden, könnte das Land seine Kapazität auf 5.000 MW erhöhen. Ob dies in wirtschaftlicher Weise möglich sein wird und unter Umweltgesichtspunkten vernünftig wäre, ist eine andere Frage. Jedenfalls hoffen die Albaner, durch den Export elektrischer Energie Devisen verdienen zu können, was allerdings erfahrungsgemäß ausreichende Regenfälle voraussetzt.

Mit Hilfe des Einsatzes moderner Fördertechnologie könnte Albanien seine Erdölproduktion vermutlich nachhaltig steigern. Der Export von **Öl und Ölprodukten** soll dem Land jedenfalls künftig verstärkt Devisen einbringen. Die Inbetriebnahme der Raffinerie in Ballshi, die eine bessere Weiterverarbeitung des albanischen Öls ermöglicht, hat bereits in der Vergangenheit dazu geführt, daß vermehrt Benzin anstelle von Bitumen exportiert werden konnte.

Ein anderes Exportprodukt Albaniens ist **Kohle**, deren Qualität allerdings gering ist. Von der Gesamtförderung von 2,5 Mio. t jährlich werden bisher ca. 300.000 t exportiert. Die Albaner glauben, daß es möglich sein müßte, diese Exporte zu steigern.

Albanien hofft auch, seine Exporte **landwirtschaftlicher Rohstoffe** ausweiten zu können, vor allem von Tabak. Schon in der Vergangenheit wurden Tabak und Zigaretten in osteuropäische Länder exportiert. Durch Veränderungen der Anbausorten und der Tabakmischungen sowie durch Verbesserung der Verpackungen und des Marketing hoffen die Albaner, mit Tabak und Tabakprodukten künftig auch auf westlichen Märkten Fuß fassen zu können.

Aufgrund seiner klimatischen Bedingungen rechnet sich Albanien auch Exportchancen bei **Frischgemüse und Gemüsekonserven** aus. Ferner exportiert das Land Trockenobst, Heilpflanzen, Pilze, Schnecken und Froschschenkel.

Traditionelle Exportgüter sind **handwerklich erzeugte Produkte**, z.B. Teppiche, Körbe, Pfeifen und andere kunstgewerbliche Erzeugnisse aus Kupfer und Silber sowie Keramik. Bei einigen dieser Artikel könnte der Export durch eine stärkere Anpassung an den Geschmack in den Abnehmerländern und durch Qualitätsverbesserung sicher noch erheblich gesteigert werden.

Zusammenfassend läßt sich feststellen, daß sich mittelfristig die albanische Exportstruktur nach Warengruppen kaum wesentlich verändern wird. Dies, obgleich in der Länderstruktur der Exporte insofern Veränderungen zu erwarten sind, als der Anteil der ehemaligen RGW-Länder am albanischen Export, der 1990 noch bei 46,3 % lag und dabei gegenüber 1989 schon um 8,2 Prozentpunkte zurückgegangen war, vermutlich zurückgehen wird. Denn der hohe Anteil dieser

Länder am albanischen Export war nicht zuletzt politisch determiniert. Die Hauptexportwaren Albaniens sind prinzipiell auch im Westen gegen Devisen absetzbar, Preiszugeständnisse bei Qualitätsmängeln vorausgesetzt.

Daß auch künftig mineralische Rohstoffe, Metalle und Metallprodukte sowie Brennstoffe die Hauptexportgüter Albaniens sein werden, ist kaum zu bezweifeln. In diesem Bereich verfügt das Land noch über erhebliche ungenutzte Reserven. Inwieweit Albanien seine komparativen Vorteile für bestimmte landwirtschaftliche Produkte wird nutzen können, hängt einmal davon ab, ob und wie schnell eine entsprechende Umstrukturierung der Landwirtschaft gelingt, zum anderen davon, ob das Land durch eine EG-Assoziierung einen Zugang zu den westeuropäischen Märkten finden wird.

Als ein europäisches Entwicklungsland mit niedrigem Lohnniveau und im Vergleich zu anderen Entwicklungsländern relativ qualifizierten oder wenigstens lernfähigen Arbeitskräften könnte Albanien darüber hinaus mittel- bis längerfristig auch zum Standort für arbeitsintensive Direktinvestitionen aus den EG-Ländern werden, die bisher in asiatische, afrikanische oder lateinamerikanische Entwicklungsländer gingen. Doch dies setzt die Schaffung eines günstigen Investitionsklimas voraus; im Wettbewerb um Auslandsinvestitionen ist Albanien zwar gegenwärtig noch hoffnungslos abgeschlagen, doch es ist nicht auszuschließen, daß es rasch aufholen und durchaus konkurrenzfähige Standortbedingungen herstellen wird.

7. Die gegenwärtige Krise

Das Jahr 1989 paßt nach den vorliegenden Statistiken nicht in das allgemeine Bild der Stagnation bzw. des Niedergangs der albanischen Wirtschaft während der 80er Jahre. Wenn wir die Zahlen für die übrigen Jahre, insbesondere die sehr negativen für das Jahr 1990 als einigermaßen realistisch akzeptieren, besteht aber kein Grund, die für 1989 anzuzweifeln. Doch es fällt schwer, die 1989 angeblich erfolgte Trendumkehr zu erklären. Zudem waren die Verlautbarungen der Partei- und Staatsführung Anfang 1990 zum abgelaufenen Wirtschaftsjahr 1989 keineswegs euphorisch. Während in den Jahren zuvor die offiziellen Verlautbarungen eher positiver klangen, als sich die Entwicklung nach den jetzt veröffentlichten Zahlen darstellt, war es für das Jahr 1989 umgekehrt. Es muß also angenommen werden, daß die Partei- und Staatsführung den 1989 erfolgten Wachstumsschub selbst deutlich unterschätzt hat.

Die einzig mögliche Erklärung für die positive Entwicklung 1989 besteht darin, daß sie wetterbedingt gewesen ist. Aufgrund der relativ hohen Regenfälle konnte die Energieerzeugung aus Wasserkraft hochgefahren werden (laut Tabelle 11 nahm sie allerdings 1989 nur um 3 % zu), so daß es möglicherweise zu weniger Produktionsausfällen durch Stromabschaltungen kam. Jedenfalls hatte die Landwirtschaft durch die erhöhten Regenfälle deutlich bessere Ergebnisse zu verzeichnen (knapp 15 %), wobei sich möglicherweise zudem die geringfügigen Reformen im landwirtschaftlichen Sektor positiv ausgewirkt haben könnten.

Nach dem Ausnahmejahr 1989 begann 1990 die gegenwärtig noch anhaltende Wirtschaftskrise mit einem Rückgang der Nettoproduktion und des Nationaleinkommens von über 13 % (vgl. Tabelle 1.2). Dieser Einbruch dürfte noch nach unten korrigiert werden (vgl. die Angaben für 1990 in Tabelle 11 und Tabelle 12.1.); er setzte sich 1991 beschleunigt fort.

Nach der Regierungserklärung von Fatos Nano betrug die Minderproduktion im ersten Quartal 1991 gegenüber dem gleichen Zeitraum 1990: 22 Mio. Kubikmeter Gas, 65.000 t Chromerz, 53.000 t Dünger und 45.000 t Zement. Und - wie Zeri i popullit, die bis zur Wende einzige Tageszeitung, am 3. Mai berichtete - waren bis 25. April nur 17,7 Tsd. ha Mais (gegenüber 51,7 Tsd. 1990), 6,3 Tsd. ha Bohnen (8,8 Tsd. 1990), 11,5 Tsd. ha Tabak (21,3 Tsd. 1990) und 1,7 Tsd. ha Baumwolle (8,4 Tsd. 1990) bestellt; die Auslieferung von Milch war um mehr als die Hälfte, von 53.600 t 1990 auf 25.000 t 1991, zurückgegangen, die Produktion von Fleisch war im Vergleich zu dem gleichen Zeitraum 1990 von 8.000 t auf 6.700 t gesunken und von Eiern von 59,5 Mio. Stck. auf 41,1 Mio. Die Zeitung stellt lakonisch fest: "In der Landwirtschaft wurden Umorganisationen vorgenommen, die Betriebe wurden verkleinert, um die Organisation und die Leitung zu verbessern, es wurde nur vergessen, daß gearbeitet werden muß."

Als ursächlich für diese Krise werden von den Albanern zum einen langfristige Faktoren genannt, wie das stalinistische Wirtschaftssystem und der vollständige Verzicht auf die Inanspruchnahme von Investitionskrediten im Ausland. Als auslösender Faktor der Krise wird der Rückgang der Energieexporte und der Zusammenbruch der Beziehungen mit einigen wichtigen Handelspartnern aus dem Bereich des RGW angegeben. Alle diese Faktoren reichen jedoch nicht aus zu erklären, warum es gerade 1990 zu einer Krise kam, die sich 1991 dramatisch verschärfte und die zu einem fast völligen Zusammenbruch der albanischen Wirtschaft im Mai/Juni dieses Jahres führte. Denn das System bestand schon seit 40 Jahren, das Kreditaufnahmeverbot seit 14 Jahren, der Energieexport war auch während anderer Jahre zurückgegangen und der Rückgang des Gesamtexports war zwar erheblich und abrupt, doch zwischen 1981 und 1984/85 hatte es einen recht ähnlichen Rückgang gegeben.

Die entscheidenden auslösenden Faktoren der Krise müssen daher andere gewesen sein. Sie sind im **außerwirtschaftlichen** Bereich zu suchen. Offenbar blieben die Ereignisse

des Jahres 1989 in Osteuropa auch in dem abgeschotteten
Albanien nicht ohne Folgen. Die Bevölkerung wurde unter dem
Einfluß des ausländischen Fernsehens unruhig, und Partei
und Regierung erkannten, daß auch Albanien auf eine revo-
lutionäre Situation hintreiben würde. Letzteres führte zu
den ersten Reformankündigungen, die wiederum die Unruhe und
Ungeduld in der Bevölkerung verstärkten und ersten oppositionellen Regungen Auftrieb gaben. Ohne daß die Reformen
noch etwas am alten System änderten, begann es infolge
eines Verfalls der Arbeits- und Planerfüllungsdisziplin
bereits noch schlechter zu funktionieren als zuvor. Die
daraus resultierende spürbare weitere Verschlechterung der
wirtschaftlichen Situation des Landes und der Versorgungslage der Bevölkerung heizte den Widerstand gegen das Regime
an. Es kam zu einer vorrevolutionären Situation, mit wilden
Streiks und anderen Auflösungserscheinungen, in deren
Gefolge sich im Dezember Ramiz Alia gezwungen sah, Oppositionsparteien zuzulassen und die politische Liberalisierung
anzukündigen. Der Druck von unten eskalierte jedoch weiter
und führte schließlich zur Abberufung der Regierung im
Februar 1991. Kurz darauf kam es zum Sturz der Hoxha-Statue
auf dem Skanderbegplatz, einem Ereignis, das für das
Bewußtsein der Albaner ähnliche Auswirkungen hatte wie die
Öffnung der Mauer für die Bürger der DDR. Bei den auf den
31.März verschobenen Wahlen konnte zwar die kommunistische
Partei eine 2/3 Mehrheit erringen. Doch dies nur dank der
Stimmen der Landbevölkerung sowie dank des Mehrheitswahl-
rechts.In den größeren Städten, insbesondere in Shkodra und
Tirana, siegten die oppositionellen Demokraten auf der gan-
zen Linie.

In der durch die Demonstrationen und den Wahlkampf hochgra-
dig politisierten Atmosphäre und durch den beginnenden Abbau und Zerfall der Strukturen des alten Wirtschaftssystems
begann dieses immer schlechter zu funktionieren. Die Versorgungslage verschlechterte sich weiter. So kam es Mitte

Mai 1991 zu dem Versuch der neu entstandenen unabhängigen Gewerkschaften, das Wahlergebnis durch einen Generalstreik zu korrigieren. In einem 17 Punkte umfassenden Forderungskatalog standen der sofortige Rücktritt der Regierung und eine 100 %ige Lohnerhöhung an erster Stelle. Nano willigte schließlich in eine 50 %ige generelle Erhöhung der Löhne ein und trat zurück. Fast gleichzeitig fand der Parteitag der kommunistischen Partei statt, wobei diese mit der Vergangenheit abrechnete und sich in sozialistische Partei umbenannte.

Die neue Regierung unter Bufi, von vornherein als Übergangsregierung für etwa ein Jahr gedacht, beschloß am 17. Juni eine in zwei Stufen (zum 1.7. und zum 1.9.) erfolgende Erhöhung der Löhne, Renten und Stipendien um jeweils 25 %, für einige Berufskategorien, wie Bergleute, Sicherheitskräfte und Soldaten, sogar insgesamt bis zu 80 %. Wie sich diese Maßnahmen auswirken werden, war bei Abschluß dieser Studie noch nicht abzusehen.

Unabhängig von aktuellen Streiks liegt ein Großteil der albanischen Industrie gegenwärtig (Ende Juli) infolge Materialmangels, Mangels an Vorprodukten usw., still. Da zudem wegen der politischen Unruhen und der Landverteilung im Frühjahr dieses Jahres die Felder nur teilweise bestellt worden sind, wird es zu einem weiteren Einbruch auch in der landwirtschaftlichen Produktion kommen. Selbst wenn sich die Verhältnisse künftig stabilisieren werden, wäre es mithin kaum erstaunlich, wenn das albanische Sozialprodukt 1991 um 30 oder gar 50 % zurückgehen würde. Mitte Juni erklärte der neue Wirtschaftsminister Gramoz Pashko, daß die Brotgetreidevorräte nur noch für 10 Tage ausreichten. Selbst wenn man davon ausgeht, daß diese Aussage nicht voll der Realität entspricht, sondern vor allem dem Ausland die Dramatik der Situation in Albanien klarmachen sollte, kann kein Zweifel daran bestehen, daß ohne rasche und massive

ausländische Hilfe die albanische Bevölkerung in eine Not-
situation geraten wird, die weitere Unruhen wahrscheinlich
machen. Es ist nicht auszuschließen, daß der Teufelskreis
von Unruhen und weiteren Produktionseinbrüchen weiter eska-
liert, bis schließlich die Wirtschaft des Landes buchstäb-
lich zusammenbrechen wird.

II. Entwicklung und Stand der Umgestaltung des albanischen
Wirtschaftssystems

1. Grundsatzentscheidung für Marktwirtschaft und außenwirt-
schaftliche Öffnung

Bereits im Februar 1991 wurden innerhalb der regierungsin-
ternen "Kommission für die Reform der Wirtschaft" Vorschläge für den Übergang Albaniens zur Marktwirtschaft erarbeitet. Das ergibt sich aus einem neun Schreibmaschinenseiten
umfassenden, stichwortartigen Papier in englischer Sprache,
in dem als Ziel der Wirtschaftsreform "die Durchführung des
Prozesses des Übergangs von der zentral geleiteten Wirtschaft in eine Marktwirtschaft" bezeichnet wird.[39] Dieses
Ziel, die baldige Einführung der Marktwirtschaft, wurde
dann auch von dem damaligen Interims-Ministerpräsidenten
Fatos Nano, der Ende Februar die Regierungsgeschäfte von
dem als KP-Hardliner geltenden Adil Carcani im Februar
übernommen hatte, sogleich öffentlich propagiert.

Damit entschied sich Albanien als vorläufig letztes kom-
munistisches Land dafür, den Umbau der zentral geleiteten
Wirtschaft in eine **Marktwirtschaft** in Angriff zu nehmen.

Daß diese ordnungspolitische Grundsatzentscheidung noch
einmal umgestoßen werden könnte, ist kaum wahrscheinlich;
auch die Kommunisten, die bei den Parlamentswahlen am
31.3.1991 noch zwei Drittel der Sitze errangen, haben zweifellos die unheilbaren Mängel der Planwirtschaft erkannt
- viele der Führungspersönlichkeiten vermutlich schon seit
längerer Zeit. Es ist wie im Märchen von des Kaisers neuen
Kleidern: Seit die politischen Veränderungen es möglich
machten, die Dysfunktionalitäten des zuvor einhellig in den
höchsten Tönen gepriesenen sozialistischen Planwirtschafts-
systems offen anzusprechen, findet sich niemand mehr, der
es verteidigt. Zu offensichtlich ist es, daß das stalini-

stische Wirtschaftssystem, neben den Autarkiebestrebungen, die Hauptursache für die Stagnation der Wirtschaft im vergangenen Jahrzehnt und die gegenwärtige schwere wirtschaftliche Krise des Landes darstellt.

Die Entscheidung für die Marktwirtschaft Ende Februar 1991 - also für die Abschaffung des Sozialismus - fiel nach einer **Übergangsphase von etwa 10 Monaten Dauer,** in denen seit etwa Mai 1990 versucht worden war, das überkommene stalinistische System zu reformieren. Bis über die Mitte der 80er Jahre hinaus war in Albanien das System der zentralen Leitung und Planung der Volkswirtschaft nach dem Vorbild des stalinschen Kommandosystems perfektioniert worden. Reformansätze - sei es als Dezentralisierungsbestrebungen oder als das Bemühen, größere Freiräume für die materielle Stimulierung zu schaffen - hat es im Unterschied zu Osteuropa in Albanien bis 1987 nicht gegeben. Dafür mag neben ideologischen Gründen der niedrige Entwicklungsstand ebenso ursächlich gewesen sein wie die geringe Größe des Landes und seine geringe Bevölkerungszahl - Faktoren, denen es zu verdanken ist, daß die wie ein einziger Großbetrieb organisierte albanische Volkswirtschaft von Tirana aus einigermaßen überblickt und mit - im Vergleich zu anderen sozialistischen Ländern - relativ geringen Reibungsverlusten geleitet werden konnte. Enver Hoxhas Vision von der Wirtschaft als einem einzigen Körper, mit der Parteispitze und Regierung als Gehirn, war allerdings trotz der geringen Größe und der relativen Homogenität des Landes eine Utopie geblieben.

Erst nach Hoxhas Tod wurde es überhaupt möglich, über eine Verbesserung der Effizienz der Wirtschaft durch andere Maßnahmen als den Ausbau der zentralen Planung und die Verstärkung der Kontrolle durch ein immer ausgeklügelteres Plankennziffernsystem nachzudenken. Doch dieses Nachdenken fand zunächst offenbar nur in den höchsten Parteigremien hinter verschlossenen Türen, wenn nicht gar ausschließlich im Kopf des Hoxha-Nachfolgers Ramiz Alia statt.

Immerhin wurden 1987 erste vorsichtige Dezentralisierungs-maßnahmen sowie Schritte zur Verbesserung der materiellen Stimulierung der Arbeitskräfte eingeleitet.[40] Ferner wurden die Genossenschaftsmärkte wieder eingeführt, und es wurde den Brigaden wieder gestattet, Kleinherden zu halten und für die Selbstversorgung zu nutzen.[41]

Doch diese, offiziell noch nicht als Reformen bezeichneten, einzelnen Maßnahmen waren nur **marginale Korrekturen** am System. Erst unter dem Eindruck der politischen Ereignisse in der DDR und in Osteuropa im letzten Quartal 1989 kam es in Albanien Anfang 1990 zunächst zu politischen Annäherungs-versuchen an die Außenwelt,[42] zu Reformansätzen im politi-schen Bereich[43] und im Mai dann auch zu einer Reihe von **Reformbeschlüssen für die Wirtschaft.** Diese sollten größten-teils allerdings erst zum 1.1.1991 in Kraft treten – also zu einem Zeitpunkt, wie wir heute wissen, als sie fast schon von der Entscheidung für die **Transformation des sozialisti-schen Systems,** die nur zwei Monate später fiel, überholt waren.

2. Die Reformenphase 1990/1991

Die Beschlüsse, Dekrete und Gesetze,[44] die seit Mai 1990 erlassen wurden, zielten noch nicht auf die Einführung der Marktwirtschaft ab. Sie sollten ab Januar 1991 lediglich ein **reformiertes sozialistisches Wirtschaftssystem,** einen "Neuen Wirtschaftsmechanismus", in Kraft setzen. Daß schon im Februar 1991 die Einführung der Marktwirtschaft als neu-es Ziel ins Auge gefaßt und damit die Reformgesetze weit-gehend zur Makulatur werden würden, war bis zum Jahresende 1990 nicht abzusehen gewesen.

Vor dem Hintergrund der neuen Zielsetzung - Abschaffung des stalinistischen Systems statt dessen bloßer Modifizierung - werden die 1990 beschlossenen Maßnahmen wohl überwiegend kaum Bestand haben. Doch, soweit die Beschlüsse umgesetzt wurden, konstituieren sie, zusammen mit den überkommenen Institutionen und Regelungen des alten Kommandosystems, noch weitgehend die Rahmenbedingungen für die wirtschaftlichen Aktivitäten der In- und Ausländer in Albanien.[45]

Ein Reformkonzept läßt sich bei Durchsicht der Beschlüsse, Dekrete und Gesetze, die die albanische Regierung in der Reformphase von Mai 1990 bis zum Amtsantritt Nanos im Februar 1991 erlassen hat, nur bedingt feststellen. Einige der Bestimmungen zielen auf die Abstellung von Mißständen ab, andere auf institutionelle Reformen im makroökonomischen Bereich, deren Zwecksetzung nicht immer unmittelbar einleuchtet, während die meisten die Autonomie der Betriebe stärken und die Eigeninitiative durch materielle Stimulierung fördern sollen. Immerhin ist die Abkehr vom unbedingten Zentralismus und von der Abkapselung von der Außenwelt deutlich erkennbar.

In den 10 Monaten der Reformphase 1990/1991 änderten sich die rechtlichen Rahmenbedingungen für die albanische Volkswirtschaft rascher und gründlicher als je zuvor seit der kommunistischen Machtübernahme. Einerseits durch die Krise, andererseits dadurch, daß schon seit Februar - also nur zwei Monate nach Inkrafttreten der meisten der im folgenden aufgeführten Reformen - das alte System nicht mehr nur **reformiert**, sondern **abgeschafft** werden sollte, blieben diese Bestimmungen jedoch bisher ohne erkennbare Wirkungen. Da sie aber fast alle noch gelten, werden sie hier im Präsens vorgestellt.

Ad-hoc Maßnahmen zur Krisenbekämpfung bzw. zur Bewältigung der Krisenfolgen

Zu den krisenbedingten Maßnahmen zählt das Dekret[46] "über Veränderungen im Arbeitsrecht der SVRA". Danach werden den Arbeitern bei einem von ihnen nicht verschuldeten Arbeitsausfall (z.B. durch Rohstoffmangel), 80 % des Lohnes quasi als Null-Kurzarbeitergeld gezahlt, sofern eine anderweitige Beschäftigung nicht möglich ist. Das Dekret sieht interessanterweise außerdem vor, daß die für den Arbeitsausfall verantwortlichen Leiter nur 50 % ihres bisherigen Lohnes weiterbezahlt bekommen.

Eine andere bemerkenswerte Bestimmung ist in dem Gesetz "über die Betriebe"[47] enthalten: Sie verbietet den Betrieben, die Zahl ihrer Mitarbeiter zu verringern, es sei denn, die zur Entlassung anstehenden Arbeitnehmer können eine andere Arbeit aufnehmen. Ziel dieser Regelung, die erst zum 1. Januar in Kraft trat und für die Staatsbetriebe heute noch gilt, war es offenbar, die sozialen Folgen der Wirtschaftskrise abzumildern bzw. einen zu raschen Abbau der überzähligen Arbeitskräfte in den Betrieben, der unvermeidlich Arbeitslosigkeit größeren Ausmaßes verursachen würde, zu verhindern, da es bisher keinerlei Regelungen für die soziale Sicherung von Arbeitslosen gibt.

Ein wichtiger Erlaß zur unmittelbaren Krisenbekämpfung[48] sieht vor, daß die Staatsbank unter bestimmten Bedingungen kurzfristige Kredite für Importe vergeben kann, wodurch wohl eine Linderung des inländischen Warenmangels erreicht werden sollte. Offenbar haben die Außenhandelsunternehmen von dieser Möglichkeit Gebrauch gemacht, mit der Folge, daß die Importe 1990 und 1991 stark anstiegen und - bei krisenbedingt sinkendem Export - sich das Handelsbilanzdefizit dramatisch erhöhte.

**Die Stellung des Betriebes im "Neuen Wirtschaftsmecha-
nismus"**

Ziel der Reformen in der Mikrosphäre der albanischen Wirtschaft war es, mit Beginn dieses Jahres die **Kompetenzen** und
die **Eigenverantwortung** der Betriebe auszuweiten.

Am 1.1.1991 trat das bereits Anfang Mai 1990 verabschiedete
Gesetz "über die Betriebe"[49] in Kraft. Danach dürfen die
Betriebe mindestens 20 % ihrer Produktionskapazität für die
Produktion außerhalb des Zentralplans freihalten, das heißt
also, daß - abhängig von der Branche und der vermuteten
Bedeutung für die Sicherung der Materialversorgung und die
Versorgung der Bevölkerung - nur noch maximal 80 % der be-
trieblichen Kapazitäten in die zentrale Planung einbezogen
werden. Außerdem erhielten die Betriebe das Recht, im Rahmen ihrer unverplanten Kapazitäten Verträge zur Materialbe-
schaffung und zum Absatz ihrer Produkte abzuschließen, wobei die Preise im Rahmen dieser Verträge frei ausgehandelt
werden können. Da die Betriebe künftig ihre Investitionen
aus eigenen Mitteln finanzieren sollen, erhielten sie das
Recht, Kredite aufzunehmen.

Nach wie vor wird der Lohnfonds der Betriebe durch den Plan
fixiert. Nur bei Übererfüllung kann der Betrieb einen Fonds
für besondere Zahlungen an die Mitarbeiter bilden. Außerdem
sieht das Gesetz vor, daß die Belegschaft an den Gewinnen
mit bis zu maximal drei Monatslöhnen und an den Verlusten
mit maximal bis zu 10 % des Lohns zu beteiligen ist. Zuvor
gab es nur geringfügige Sanktionen bei Verlusten und kaum
nennenswerte Gratifikationen bei Planerfüllung oder -über-
erfüllung.

Dieses Gesetz machte es notwendig, Bestimmungen für die
Gewinnermittlung der Betriebe zu erlassen.[50] Danach ergibt
sich das Nettoeinkommen (der Gewinn) des Betriebes als

Differenz aus Umsatz minus den planmäßigen Abführungen an den Staat minus sämtlichen Kosten. 90 % des so definierten Nettoeinkommens der Betriebe bleiben zu deren Disposition, während 10 % quasi als **Gewinnsteuern** an den Staat abzuführen sind. Macht also der Betrieb überplanmäßige Gewinne, werden diese nur zu 10 % besteuert.

2 % der Ausgaben der Betriebe sind planmäßig für die Schaffung eines sogenannten **Sonderfonds** vorgesehen, aus dem Sonderprämien für besondere Leistungen in Höhe bis zu einem Monatsgehalt finanziert werden können. Darüber hinaus soll dieser Fonds für die sozialen und kulturellen Belange der Belegschaften verwendet werden.

Per Gesetz,[51] das bereits am 15. Dezember 1990 in Kraft trat, müssen alle Betriebe und entsprechende Institutionen eine Abteilung für **betriebliches Rechnungswesen** einführen. Diese Abteilung ist der Betriebsleitung unterstellt, wird aber vom Finanzministerium kontrolliert. Von dieser Maßnahme verspricht man sich einen sparsameren Umgang der Betriebe mit den ihnen anvertrauten Finanz- und Sachmitteln. Per Erlaß[52] wurden die Betriebe ferner verpflichtet, **Revisionsabteilungen** zu schaffen, die ebenfalls der Firmenleitung unterstehen. Die Ergebnisse der Rechnungsprüfung dieser Abteilungen müssen auch den Belegschaften mitgeteilt werden. Die Revisionsabteilungen werden ihrerseits vom Finanzministerium kontrolliert.

Da das Betriebsgesetz vertragliche zwischenbetriebliche Beziehungen zuläßt, lag es nahe, einen Beschluß von 1968 außer Kraft zu setzen,[53] der es den Staatsunternehmen verbot, bei Privaten oder Genossenschaften Waren einzukaufen oder von diesen entgeltliche Dienstleistungen in Anspruch zu nehmen. Damit ist es nunmehr den Staatsunternehmen möglich, mit Privaten und Genossenschaften Geschäftsbeziehungen aufzunehmen.

Preise

Bereits am 29. Mai 1990 trat ein Gesetz über Preise und Ta-
rife in Kraft.[54] Nach diesem Gesetz ist die Festlegung von
Groß- und Einzelhandelspreisen sowie von Dienstleistungs-
tarifen nach wie vor Aufgabe des Staates. Das Recht dazu
haben der Ministerrat, die staatliche Plankommission, andere zentrale Institutionen und die Preisbüros bei den Exekutivkomitees der Volksräte der Kreise, je nach Zuständigkeit
für die jeweiligen Betriebe. Dadurch wurde die Preisbildung
insofern etwas dezentralisiert, als nun die Kreise die
Preise für die Waren und Dienstleistungen der in ihrem Zuständigkeitsbereich befindlichen Betriebe entsprechend den
lokalen Gegebenheiten festsetzen dürfen. Für ihre Produkte
außerhalb des Staatsplans haben die Unternehmen und Genossenschaften das Recht auf freie Preissetzung.

Hauptziel des Gesetzes war eine **Reform der Preise** zur An-
regung der Wirtschaft, zur Einsparung von Energie und Rohstoffen und zur besseren Befriedigung der Nachfrage. Diesem
Ziel soll in Zukunft auch durch häufigere Preiskorrekturen
Rechnung getragen werden. Bisher wurden die Großhandels-
preise für 5 Jahre festgesetzt und nicht verändert; das
Sozialprodukt wurde auf der Basis dieser Preise berechnet.
Künftig sollen die Fixpreise nur noch für kürzere Perioden
gelten. Darüber hinaus sollen die Preise künftig stärker
nach den Produktions- und Lebensbedingungen in den verschiedenen Regionen differenziert werden. Dies soll durch
die Dezentralisierung der Preisfestsetzung und -kontrolle
für lokale Produkte auf die Kreise erreicht werden.

Im April 1991 trat eine **Reform des Agrarpreissystems**
in Kraft.[55] Davor waren die Aufkaufpreise des Staates
entsprechend den unterschiedlichen Produktionskosten in den
einzelnen Regionen derart gestaffelt, daß für die gleichen
Produkte in den Ebenen niedrigere Preise gezahlt wurden,

höhere in den Hügelregionen und noch höhere in den Bergregionen. Die Abgabepreise für Inputs (z.B. Düngemittel)
waren dagegen in den Bergregionen niedrig und in den Ebenen
hoch. Nach der neuen Regelung sollen die Input- und die
Erzeugerpreise vereinheitlicht werden, letztere auf einem
Niveau, daß auch noch die Grenzproduzenten in den Bergen
ihre Produktionskosten decken können. Die Differentialrente
der unter günstigeren Bedingungen produzierenden landwirtschaftlichen Betriebe soll mittels Steuern abgeschöpft werden. Nähere Bestimmungen über die konkrete Umsetzung dieser
Bestimmungen wurden zunächst noch nicht erlassen.

Staatshaushalt

Eine Novelle zu einem Gesetz über Ausarbeitung und Umsetzung des Staatshaushalts aus dem Jahre 1983, die im Mai
1990 verabschiedet wurde,[56] sieht vor, daß künftig auch die
Kreise eigene Budgets aufstellen sollen. Bis zu 30 % der
aus Planübererfüllung resultierenden Einnahmen der Kreise
von den ihnen unterstehenden Betrieben dürfen den örtlichen
Budgets zugeführt werden. Dadurch sollen die Kreise sti-
muliert werden, die Planerfüllung bzw. -übererfüllung der
Betriebe nach Kräften zu fördern. Die regionalen Behörden,
die bisher lediglich ausführende Organe Tiranas waren und
sich entsprechend passiv verhielten, sollen auf diese Weise
wirtschaftlich denken lernen.

Bankensystem

Am 1. Januar 1991 ist auch ein neues **Gesetz "über die Albanische Staatsbank"**[57] in Kraft getreten. Dieses Gesetz weist
der Staatsbank die Verantwortung für die Kaufkraft des Lek
zu. Wie sie dieser Verantwortung gerecht werden soll, ohne
allein über die Notenausgabe bestimmen zu können und ohne
über ein kreditpolitisches Instrumentarium zu verfügen, ist
dabei allerdings völlig offen. Darüber hinaus soll die

Staatsbank eine aktivere Rolle bei der Entwicklung der Wirtschaft und der Steigerung der Effektivität der Betriebe spielen. Dazu soll sie bei der Kreditvergabe stärker als zuvor wirtschaftliche Gesichtspunkte beachten und die Verwendung der von ihr gewährten Kredite besser kontrollieren. Die Kriterien der Bank für die Kreditvergabe zur Finanzierung von Investitionen werden aber weiterhin vom Ministerrat festgesetzt.

Die Staatsbank ist demnach nach wie vor ein Mittelding zwischen einer Notenbank und einer Geschäftsbank - besser gesagt, weder das eine noch das andere. Sie hat zwar das Notenausgaberecht, doch ist sie dabei nach wie vor an den Plan und an Weisungen der Regierung gebunden. Gleichzeitig vergibt sie Kredite an die Wirtschaft, jedoch ohne sich dabei wie eine Geschäftsbank profitmaximierend verhalten zu können. Sie kann ihre Kreditkonditionen und Vergaberichtlinien nicht selbständig bestimmen und keine Sicherheitsleistungen verlangen. Das dadurch bedingte hohe Kreditrisiko wird der Bank allerdings dadurch abgenommen, daß sie bei Geschäften in einheimischer Währung als Quasi-Notenbank nicht illiquide werden kann. Daß unter diesen Bedingungen die Ziele Geldwertstabilität und bessere Allokation des knappen Faktors Kapital erreicht werden, ist wohl mehr als fraglich.

Eine weitere Reformmaßnahme im Bankensektor von zweifelhaftem Nutzen ist die Verselbständigung der Außenwirtschaftsabteilung der Staatsbank (per Dekret vom 1.12.1990[58] zum 4. Januar 1991) als "Albanische Staatsbank für Außenwirtschaftsbeziehungen". Ziel dieser Maßnahme ist die Förderung der außenwirtschaftlichen Aktivitäten des Landes im Zuge der Abkehr von der Autarkiepolitik durch Schaffung einer eigens auf die Abwicklung von Außenhandelstransaktionen spezialisierten selbständigen Bank. Die Außenwirtschaftsbank ist eine staatliche, direkt dem Ministerrat unterstellte Einrichtung. Ihre Aufgabe besteht vor allem darin, Devisengeschäfte der albanischen Außenwirtschaftsunternehmen (zur Zeit noch etwa 12 an der Zahl) und der Joint Ventures abzuwickeln. Bei ihr können in- und ausländische Firmen Devisenkonten unterhalten.

Der Außenwirtschaftsbank obliegt darüber hinaus die Kontrolle über die Verwendung der Devisenfonds der Betriebe und anderer Institutionen. Sie vergibt Kredite in Lek und Devisen und ist insofern (wie die Staatsbank) eine Geschäftsbank. Wie diese ist sie aber weder in der Auswahl ihrer Kunden noch in der Festsetzung ihrer Kreditkonditionen unabhängig von politischen Entscheidungen. Sie kann und soll Zweigstellen außerhalb des Landes einrichten. Sie wurde mit einem sogenannten Grundfonds von 600 Mio. Lek und einem Reservefonds von 200 Mio. Lek ausgestattet. Über ihre Ausstattung mit Devisen ist nichts bekannt.

Neben der Staatsbank und der Außenwirtschaftsbank gibt es noch die **Landwirtschaftsbank**. Auch für sie ist zum 1. Januar ein neues Gesetz in Kraft getreten.[59] Diese Bank erfüllt im Grunde die gleichen Aufgaben für den landwirtschaftlichen Sektor, die die Staatsbank als Quasi-Geschäftsbank dem Industriesektor gegenüber wahrzunehmen hat. Auch sie soll vor Kreditvergabe das zur Finanzierung anstehende Vorhaben kritisch prüfen und nur solche Projekte finanzieren, von denen sie annimmt, daß deren Durchführung im Sinne der staatlichen Wirtschaftspolitik ist. Auf diese Weise soll sie zur Erhöhung der Effektivität in der Landwirtschaft des Landes beitragen.

Im Januar wurde ein spezielles Joint Venture-Dekret für die Schaffung von **Banken mit ausländischer Beteiligung** erlassen. Auf der Grundlage dieses Dekrets soll noch in diesem

Jahr eine schweizerisch-albanische Bank in Tirana – mit einem Auslandsalbaner als Partner der Staatsbank – eröffnet werden.

Schließlich gibt es in Albanien **Sparkassen**, deren Aufgabe in der Verwaltung der Sparkonten der privaten Wirtschaftssubjekte besteht und die keine weiteren Bankfunktionen haben.

Der Rechtsrahmen für Joint Ventures

Mit dem Dekret "**über die Wirtschaftstätigkeit von Unternehmen unter Beteiligung ausländischen Kapitals in der SVRA**"[60] wurde im Juli 1990 die rechtliche Grundlage für die Bildung von Joint Ventures in Albanien geschaffen. Das Dekret trat bereits am 31. Juli 1990 in Kraft. Die **Gründung** solcher Gemeinschaftsunternehmen zwischen albanischen juristischen Personen (also Betrieben oder sonstigen Institutionen) und ausländischen Unternehmen oder Privatpersonen kann danach grundsätzlich in allen Wirtschaftsbereichen erfolgen. Gefordert wird jedoch, daß die Aktivität des Gemeinschaftsunternehmens in Übereinstimmung mit den Zielen des Wirtschaftsplans des Staates stehen muß (Art. 1). Daß nach dem Dekret Joint Ventures nicht mit albanischen Privatpersonen zulässig sind, erklärt sich einfach daraus, daß zum Zeitpunkt der Verabschiedung des Dekrets die private Wirtschaftstätigkeit – außer in Form von Einmann- oder Familienbetrieben – noch nicht erlaubt war.

Joint Ventures sollen folgenden **Zielen** dienen:

- der Modernisierung bestehender Anlagen oder der Schaffung
  neuer Anlagen mit fortschrittlicher Technologie für die
  Gewinnung und Weiterverarbeitung heimischer Rohstoffe,

- der Steigerung des Exports oder der Substitution von Importen,

- der Diversifizierung der Produktion von Konsumgütern,

- der Schaffung neuer Arbeitsplätze und

- der Einführung moderner Managementmethoden in der Produktion und im Dienstleistungssektor.

Für die **Genehmigung** der Joint Ventures ist der Ministerrat zuständig, vertreten durch das Branchenministerium, in dessen Zuständigkeitsbereich das Joint Venture seine Aktivitäten zu entfalten gedenkt. Für die Genehmigung von Joint Ventures im Bankensektor ist die Staatsbank zuständig. Über einen Antrag muß binnen zweier Monate entschieden werden. Die Genehmigung wird nur für 10 Jahre erteilt; eine Verlängerung der Genehmigung muß 1 Jahr vor Ablauf beantragt werden.

Das Joint Venture unterliegt nicht dem Staatsplan. Allerdings soll es für seine Aktivitäten Jahres- und Fünfjahrespläne ausarbeiten (Art. 10). Das Gemeinschaftsunternehmen kann nach eigenem Gutdünken mit in- und ausländischen Partnern selbständig Handel treiben. Entsprechende Geschäfte können in in- und ausländischer Währung im Rahmen der geltenden Außenwirtschaftsordnung abgewickelt werden, das heißt wohl auf der gleichen Rechtsgrundlage, wie diese für die albanischen Außenhandelsunternehmen gültig ist.

Für die **Beteiligungsverhältnisse** und für das **Management** enthält das Dekret keinerlei Vorschriften. Desgleichen fehlen einschränkende Regelungen für die **Beschäftigung** ausländischer und inländischer Arbeitnehmer im Joint Venture. Auch für die **Entlohnung** beider Gruppen enthält das Dekret keine Vorschriften. Artikel 39 sieht allerdings vor, daß

für die Entlohnung albanischer Arbeitnehmer der Gemeinschaftsunternehmen besondere Vorschriften erlassen werden
können.

Problematisch sind die Vorschriften über die **Rechnungsle-
gung** und die **Besteuerung**. Der Jahresabschluß muß schon
bis 31.3. des auf das Geschäftsjahr folgenden Jahres den
zuständigen Finanzbehörden vorgelegt werden. Die Höhe der
Besteuerung wird dann im nachhinein innerhalb eines Monats
vom Finanzministerium festgelegt (Art. 11 und 35) - was
wohl eine einmalige Kuriosität darstellt; welcher westliche
Unternehmer wird wohl Kapital in ein Gemeinschaftsunternehmen investieren, ohne wenigstens ungefähr zu wissen, wie
hoch künftige Gewinne dieses Unternehmens besteuert werden?
Nicht ganz unproblematisch sind auch die Vorschriften über
die **Berichtspflicht** der Unternehmen. Dafür sollen nach
Artikel 28 und 30 die gleichen Vorschriften gelten wie für
einheimische Unternehmen. Das würde zum gegenwärtigen Zeitpunkt noch bedeuten, daß die Gemeinschaftsunternehmen in
gleicher Weise wie die Staatsunternehmen eine Vielzahl in-
terner Daten den Ministerien offenlegen bzw. ständig melden
müßten.

Für die **Gewinnverteilung** und den **Gewinntransfer** gibt es
keine einschränkenden Vorschriften. Letzterer erfolgt zum
offiziellen Wechselkurs. Angesichts der Überbewertung des
Lek sollten sich potentielle Investoren allerdings klar
machen, daß sie das Abwertungsrisiko voll zu tragen haben.
Gemeinschaftsunternehmen dürfen Devisenkredite im Ausland
aufnehmen, für die sie allerdings die Zustimmung der
Staatsbank einholen müssen. Das gleiche gilt, wenn sie Kon-
ten bei ausländischen Banken einrichten möchten.

Inzwischen ist es auch möglich, **daß ausländische Unternehmen ohne albanischen Partner in Albanien investieren**. Da
es dafür - außer dem Artikel 12 der vorläufigen Verfassung,

der dieses Recht ausdrücklich konstatiert, und Artikel 8 des Privateigentums-Dekrets (vgl. unten), der den Kauf albanischer Unternehmen durch Ausländer zuläßt, - noch keine gesetzlichen Regelungen gibt, könnte für solche Direktinvestitionen das Joint Venture-Dekret analog Geltung erlangen. Besonders für größere Investitionen ist es aber sicherlich zum gegenwärtigen Zeitpunkt möglich, günstigere und vor allem präzisere Regelungen auszuhandeln - möglicherweise auch günstigere, als sie für albanische Privatunternehmen, die nach dem erwähnten Privateigentums-Dekret inzwischen zulässig sind, gelten.

In jedem Falle auszuhandeln sind Pachtraten für Grund und Boden, die im Dekret über Gemeinschaftsunternehmen nicht erwähnt sind. Laut Dekret vom 1. Dezember 1990 "über die Verpachtung von Boden an ausländische physische oder juristische Personen oder Albaner mit Sitz außerhalb des Territoriums der SVRA, die gemeinsame Tätigkeiten mit einheimischen Unternehmen ... auf dem Territorium der SVRA ausüben"[61] ist für die Festlegung von Bewertungsrichtlinien für Land, nach denen sich die Pachtraten richten sollen, sowie die nähere Bestimmung der Einzelheiten der Verpachtung von Land (z.B. die Pachtzeit) der Ministerrat zuständig. Grund und Boden können bisher weder von In- noch von Ausländern erworben werden.

Obgleich sich das albanische Joint Venture-Dekret von ähnlichen ersten Versuchen in anderen ehemals sozialistischen Ländern durchaus positiv abhebt, enthält es einige kaum akzeptable Bestimmungen; irritierend wirken auch die diversen Vorbehalte bezüglich künftigen detaillierteren und damit möglicherweise restriktiveren Regelungen. Das Joint Venture-Dekret entstand eben in der Phase, in der man noch am Sozialismus festzuhalten gedachte. Im Grunde ist es deshalb - obwohl es noch gilt - bereits von der Entwicklung überholt. Seine Abschaffung bzw. wesentliche Veränderung in einer Weise, die ausländische Investitionen privilegieren wird, ist früher oder später zu erwarten. Bis dahin sollten ausländische Investoren sehr genau prüfen, ob es für sie nicht günstiger wäre, ohne alabanischen Partner eine **Direktinvestition** auf der Grundlage des Rechts zu gründen, das seit Anfang April für albanische Privatunternehmen gilt (vgl. dazu weiter unten). Von Seiten der Regierung und der Verwaltung wird jedenfalls immer wieder betont, daß solche Direktinvestitionen möglich seien. In diesen Fällen könnten ausländische Investoren die Rahmenbedingungen für die Aufnahme ihrer Wirtschaftstätigkeit mit der Regierung direkt aushandeln.

Im sachlichen und zeitlichen Zusammenhang mit dem Joint Venture-Dekret wurde ein Dekret zum **Schutz ausländischer Investitionen**[62] erlassen. Dieses garantiert, daß ausländische Direkt- und Portfolioinvestitionen grundsätzlich nicht enteignet oder nationalisiert werden dürfen - es sei denn im übergeordneten öffentlichen Interesse und nur gegen volle Entschädigung (Art. 3). Sowohl gegen die Enteignung als auch gegen die Festsetzung des Entschädigungsbetrags steht der Klageweg offen (Art. 4). Im Falle eines Verzugs bei den Entschädigungsleistungen kann der ausländische Investor eine Verzinsung verlangen (Art. 3, Abs. II). Im Falle von Vermögensschäden durch Krieg, Naturkatastrophen usw. stehen Ausländern die gleichen Entschädigungsleistungen zu, wie sie Inländern gewährt werden (Art. 5).

Auf den ersten Blick liest sich dies alles recht beruhigend. Man sollte jedoch bedenken, daß für die Festsetzung der Entschädigungsleistungen albanische Gerichte zuständig sind. Im Streitfall über deren Höhe kann also der ausländische Partner keine unabhängige Instanz anrufen. Da Albanien nicht Unterzeichner einschlägiger internationaler Schiedsabkommen ist, bedeutet dies eine einseitige Risikoverteilung zu Lasten des ausländischen Investors, denn als albanisches Recht hat das Dekret zum Schutz ausländischer Investitionen keine völkerrechtliche Wirkung. Die Bundesregierung sollte daher auf einen Abschluß eines Investitionsschutzabkommens mit Albanien hinarbeiten.

Private Wirtschaftstätigkeit im reformierten Sozialismus

Am 11.7.1990 faßte der Ministerrat einen formellen Beschluß **"über die Reorganisation der Dienstleistungen und des Handwerks"**, [63] der allerdings insofern bereits überholt ist, als er mit dem Dekret über die Zulassung des Privateigentums und privater Aktivitäten vom 12. März 1991 (siehe dazu unten) förmlich außer Kraft gesetzt worden ist.

- Beabsichtigt war, die Effektivität im Dienstleistungsbereich und im Handwerk durch eine beschränkte Zulassung privater Wirtschaftstätigkeit im Rahmen des geplanten "Neuen Wirtschaftsmechanismus" zu steigern. Zu diesem Zweck sollten die staatlichen Dienstleistungs- und Handwerksbetriebe in kleinere, funktionellere Einheiten mit eigener Rechnungsführung **aufgeteilt** werden.

- Darüber hinaus wurde auch eine vollkommene **Verselbständigung** solcher Einheiten in der Rechtsform der Genossenschaft ermöglicht. In diesem Fall sollten die Werkzeuge und sonstigen Produktionsmittel gegen Entgelt in das Eigentum der neugegründeten Genossenschaft übergehen.

- Schließlich sah der Beschluß vor, daß sich **Privatpersonen** im Dienstleistungsbereich, z.B. als Handwerker oder Einzelhändler, selbständig machen sollten, sei es allein oder mit einem Partner. Die Mithilfe von Familienmitgliedern in solchen Betrieben wurde erlaubt, die Einstellung von Angestellten sollte jedoch verboten sein.

Diese Bestimmungen traten am Tag ihres Erlasses in Kraft.
Sie hatten offenbar keine großen Auswirkungen, bereiteten
jedoch das Terrain für die inzwischen in Gang gekommene
"kleine Privatisierung". Obgleich sie bereits im März 1991
durch weitergehende Regelungen ersetzt wurden, mußten sie
hier erwähnt werden, um aufzuzeigen, in welchen Schritten
sich der albanische Reformprozeß vollzogen hat, bevor die
Weichen in Richtung Marktwirtschaft gestellt wurden.

3. Erste Schritte auf dem Weg zur Marktwirtschaft

Zwischen der Erklärung des Ministerpräsidenten, die Marktwirtschaft einführen zu wollen, und der Verabschiedung des
Dekrets "**über die Zulassung und den Schutz des Privateigentums und der Privatinitiative**" vom 12. März 1991(Privateigentums-Dekret)[64] liegen nur wenige Tage. Dieses Dekret
- das am Tag seiner Unterzeichnung in Kraft trat - ist mehr
als die Rechtsgrundlage für die Gründung privater Unternehmen in Albanien, es markiert einen ersten entschlossenen
Schritt in Richtung auf eine Marktwirtschaft.

**Uneingeschränkte Zulassung von Privatunternehmen - das Pri-
vateigentums-Dekret**

Artikel 1 dieses Dekrets stellt lakonisch fest, daß Privateigentum und private Wirtschaftsaktivitäten in der Volksrepublik Albanien erlaubt und geschützt sind. Staatsunternehmen und sonstige staatliche Organisationen im Bereich der
Industrieproduktion, des Handwerks, der Landwirtschaft, der
Bauwirtschaft, des Transportwesens, des Bankensektors, des
Binnen- und Außenhandels, des Dienstleistungssektors, des
Gesundheitswesens, der Wissenschaft, Kultur und Kunst usw.
können nach Artikel 2 der Regelungen, die der Ministerrat
per Beschluß am 3. April 1991 erlassen hat, (Privatisierungs-Beschluß)[65] grundsätzlich privatisiert werden. Während der Entwurf zu dem Privateigentums-Dekret noch vorsah,

daß Staatsunternehmen in "lebenswichtigen Sektoren" der
Volkswirtschaft, wie z.B. der Energiesektor, der Bergbau,
die Öl- und Gasförderung, Telekommunikation, Forst- und
Wasserwirtschaft sowie die Straßen, Eisenbahnen und Flughäfen auf Vorschlag des Ministerrats in privatrechtliche
Form überführt werden könnten, konstatiert die schließlich
erlassene Version des Privateigentums-Dekrets in Artikel 3,
daß die Staatsunternehmen in den aufgeführten Sektoren
grundsätzlich im Staatseigentum verbleiben sollen und daß
Ausnahmen von dieser Bestimmung einer speziellen Erlaubnis
bedürfen.

Das **Privateigentums-Dekret** sieht die Gründung eines
Komitees für die Restrukturierung der Wirtschaft (meist
als "Privatisierungskommission" bezeichnet) unter Aufsicht
des Ministerrats vor. Die Aufgaben dieses Komitees wurden
später in dem sogenannten Privatisierungs-Beschluß vom
3. April 1991 - der schon erwähnt wurde und von dem noch
ausführlich die Rede sein wird - präzisiert.

Das Privateigentums-Dekret "über die Zulassung und den
Schutz des Privateigentums und der Privatinitiative" regelt
in Artikel 5 sodann die möglichen Rechtsformen, in denen
Privatunternehmen betrieben werden können, nämlich als
- Einzelunternehmen,
- Personengesellschaften,
- privatrechtliche Genossenschaften und
- Aktiengesellschaften.

Darüber hinaus sind gemeinsame Unternehmen zwischen Staatsunternehmen, Kooperativen und Unternehmen in allen vier
genannten privatrechtlichen Rechtsformen zulässig (Art. 6).
Über die Rechtsform solcher Gemeinschaftsunternehmen ist in
dem Dekret nichts gesagt, faktisch dürfte dafür jedoch nur
die Rechtsform der Aktiengesellschaft in Frage kommen, wenn
nicht zahllose atypische Unternehmensformen entstehen sol-

len. Denn sowohl die Unternehmen in privatrechtlicher Form, wie sie in Artikel 5 aufgeführt sind, als auch Gemeinschaftsunternehmen nach Artikel 6 können ihrerseits grundsätzlich Gemeinschaftsunternehmen mit weiteren physischen oder juristischen Personen gründen (Artikel 7).

Das Dekret sieht vor, daß sowohl private als auch juristische in- und ausländische Personen Staatsunternehmen kaufen können, sei es mit eigenen Finanzmitteln, durch Kredite oder durch den Kauf von vom Staat emittierten Aktien (Art. 8). Grund und Boden kann jedoch in keinem Fall käuflich erworben, sondern nur gepachtet werden (Art. 14).

Für die Erlaubnis zum Verkauf von Staatsunternehmen sind die Branchenministerien zuständig, die allerdings die Zustimmung der Privatisierungskommission einholen müssen (Art. 10).

Über diese grundlegenden Bestimmungen für die Privatisierung der albanischen Staatsunternehmen hinaus, die inzwischen in dem **Privatisierungs-Beschluß** vom 3. April näher konkretisiert worden sind, enthält das Dekret über das Privateigentum und die Privatinitiative vom 12. März noch einige wichtige Bestimmungen bezüglich der Rahmenbedingungen für die Privatunternehmen. Danach ist die **Preisbildung** im privaten Sektor grundsätzlich frei; für einige "lebenswichtige Güter und Dienstleistungen" in Sektoren mit unzureichendem Wettbewerb soll jedoch auch künftig der Staat Höchstpreise festsetzen (Art. 12).

Bezüglich der **Besteuerung** der Privatunternehmen enthält das Dekret eine Generalklausel in Artikel 13, nach der Steuern und Abgaben private Aktivitäten, "die im Interesse der Gesellschaft sind, fördern sollen" - womit wohl gemeint ist, daß private Unternehmen steuerlich nicht diskriminiert werden sollen, soweit sie nicht in Bereichen tätig sind, die der Staat als gesellschaftlich wenig nützlich oder gar als schädlich erachtet.[66]

Artikel 15 bildet die Grundlage für einen freien **Arbeitsmarkt**, indem er konstatiert, daß die Arbeitsbeziehungen im Rahmen privatrechtlicher Verträge – die allerdings mit der staatlichen Gesetzgebung konform gehen müssen – zwischen Arbeitnehmer und Arbeitgeber geregelt werden sollen. Artikel 16 sieht eine **Sozialversicherungspflicht** und eine entsprechende staatliche Rahmenkompetenz für die Gesetzgebung auf diesem Gebiet vor. Darüber hinaus verpflichtet sich der Staat, die soziale Absicherung von Arbeitskräften, die infolge der Privatisierung von Staatsunternehmen freigesetzt werden, zu übernehmen und dafür entsprechende Gesetze zu erlassen (Art. 17).

Die Grundsätze für die Bewertung der zu privatisierenden Staatsunternehmen sind in Artikel 18 festgelegt. Sie soll auf der Grundlage des ursprünglichen Wertes, des Zustandes, der Lage und der Leistungsfähigkeit der Unternehmen sowie durch eine Marktpreisbildung im Rahmen von Auktionen erfolgen; allerdings sollen nur kleine Unternehmen versteigert werden. Die Bewertung von Umlaufmitteln soll sich an den geltenden staatlichen Preisen orientieren. In bezug auf die Schulden der zu privatisierenden Unternehmen soll von Fall zu Fall im jeweiligen Kaufvertrag geregelt werden, ob der Käufer oder der Staat als Verkäufer diese übernimmt (Art. 19).

Der Privatisierungs-Beschluß

Zur Umsetzung und Konkretisierung der Bestimmungen des Privateigentums-Dekrets vom 12. März 1991 wurde drei Wochen später der Beschluß des Ministerrats **"über die Entwicklung privatwirtschaftlicher Aktivitäten"** (der Privatisierungs-

Beschluß) erlassen. Darin war unter Ziffer 1 vorgesehen, daß noch im April die Ministerien in Zusammenarbeit mit der Privatisierungskommission ein konkretes Privatisierungsprogramm ausarbeiten sollten, in dem die für die Privatisierung vorgesehenen Unternehmen und Sektoren konkret bezeichnet sowie der Zeitbedarf und die Einzelheiten für die Privatisierung näher bestimmt werden sollten (Ziff. 11). Ferner sah das Dekret (Ziff. 14) vor, daß das Justizministerium bis zum 10. April Vorschriften für die Registrierung von Privatunternehmen nach den Artikeln 5,6 und 7 des Privateigentums-Dekrets erlassen solle. Gleichfalls bis zum 10. April sollte das Finanzministerium dem Ministerrat Kriterien für die Festsetzung von **Pachten** für die Überlassung von Land an inländische und ausländische physische und juristische Personen vorschlagen (Ziff. 9). Bis zum 15. April sollte das Finanzministerium die **Besteuerung** der privaten Unternehmen konkret regeln und noch im April ein **Zolltarifsystem** für die Rohstoff- und Wareneinfuhren von privaten Unternehmen erarbeiten (Ziffern 17 und 18). Die Plankommission und das Finanzministerium sollten ebenfalls im April dem Ministerrat Vorschläge für den Aufbau eines Systems der **sozialen Sicherung** der im Privatisierungsprozeß freigesetzten Arbeitskräfte unterbreiten und Regeln festlegen für die Berechnung und die Entrichtung der **Sozialversicherungsbeiträge** der Arbeitnehmer im privaten Sektor (Ziff. 20). Schließlich sollte das Finanzministerium schon bis zum 15. April Richtlinien für die **Gewinnermittlung** der privaten Unternehmen aufstellen und Vorschriften für die Buchhaltung privater Unternehmen erlassen (Ziff. 27 und 28). Diese Vorgaben konnten jedoch offenbar nur zum Teil termingerecht realisiert werden; soweit dies der Fall war, werden die Ergebnisse im folgenden aufgeführt.

Darüber hinaus enthält der chaotisch anmutende Privatisierungs-Beschluß eine nähere, wenn auch immer noch außerordentlich rudimentäre Charakterisierung der einzelnen

Eigentumsformen und der Erfordernisse für die Gründung von Personengesellschaften, privaten Genossenschaften und Aktiengesellschaften (Ziff. 2 und Ziff. 4), also allererste Elemente einer Art Gesellschaftsrecht. Bezüglich der **Privatisierung** wird lediglich das Verfahren für die Privatisierung von Betrieben näher bestimmt, deren Kapital bereits amortisiert ist und die seit längerem Verluste machen. Diese sollen nicht unter 20 % ihres Zeitwerts verkauft werden, wobei die Bewertung von einer Kommission – bestehend aus vom Direktor der Unternehmung zu benennenden Spezialisten, Repräsentanten des Exekutivkomitees des Distrikts, in dem das Unternehmen angesiedelt ist, und Mitarbeitern der im Distrikt ansässigen Filiale der Staatsbank – vorgenommen werden; die Bewertung muß vom zuständigen Branchenministerium oder anderen zentralen Institutionen geprüft werden. Um einen mißbräuchlichen Erwerb solcher Unternehmen zu vermeiden, bestimmt der Beschluß, daß solche "on easy terms" erworbenen Unternehmen von ihren neuen Eigentümern nicht vor Ablauf von 3 Jahren, während deren sie ihre Aktivitäten fortführen müssen, weiterverkauft werden dürfen (Ziff. 10). Neben einer Reihe von anderen Regelungen, wie z.B. der Ermächtigung der Staatsbank, für den Erwerb von Unternehmen Kredite zu gewähren, enthält der Beschluß noch ausführlichere Regelungen für die Kalkulation der Preise für diejenigen Rohstoffe und Vorprodukte, die die Staatsunternehmen an die Privatunternehmen im Inland verkaufen; danach gelten für den Verkauf von Rohstoffen an Ausländer (Ziff. 21 und 22) Weltmarktpreise, aber nur dann, wenn diese nicht niedriger sind als die inländischen Preise.

Für potentielle ausländische Investoren ist die Bestimmung bemerkenswert, daß albanische juristische oder physische Personen nur mit Genehmigung der Ministerien bzw. anderer zentraler Institutionen und nur nach Zustimmung der Privatisierungskommission Gemeinschaftsunternehmen mit ausländi-

schen natürlichen oder juristischen Personen gründen oder
Unternehmen oder sonstige Objekte an diese vermieten dürfen
(Ziff. 12).

Der Beschluß vom 3. April macht deutlich, mit welch hohem
Tempo die Regierung Nano die Privatisierung und die Schaffung eines rechtlichen Rahmens für den privatisierten Sektor anging. Doch konnte sie offenbar bis zu ihrem Rücktritt
Anfang Juni die selbst gestellten Aufgaben nur teilweise
bewältigen. Immerhin aber wurden in nur wenigen Wochen be-
achtliche Fortschritte bei der Schaffung der Voraussetzungen für eine marktwirtschaftliche Mikrostruktur der albanischen Wirtschaft erzielt. Auf einem anderen Blatt steht,
daß die in der Eile erlassenen Bestimmungen rudimentär, lückenhaft, kompliziert, teilweise widersprüchlich und unklar
sowie völlig unsystematisch sind. Man darf aber nicht vergessen, daß Albanien bei der Schaffung einer Rechtsordnung
für die Wirtschaft bei Null anfängt; erst seit wenigen Monaten gibt es wieder ein Justizministerium.

Das Privatisierungsprogramm

Auf der Grundlage des Privatisierungs-Beschlusses wurden
noch im April von einer Arbeitsgruppe - bestehend aus
9 Mitgliedern aus dem Bereich der Wirtschaftswissenschaft,
aus der Plankommission und aus dem Finanzministerium -
die folgenden Vorschläge für die Vorgehensweise bei der
Privatisierung erarbeitet. Die Bildung der in dem Dekret
vom 12. März vorgesehenen unabhängigen Privatisierungskommission, die den Übergang vom Staatseigentum zum Privateigentum "organisieren, begleiten und koordinieren" sollte,
unterblieb. Stattdessen wurde die Verantwortung für die
Durchführung der Privatisierung der Plankommission - jetzt
Wirtschaftsministerium - übertragen. Inwieweit das unter
der Regierung Nano erarbeitete Privatisierungsprogramm nach
dem Eintritt der Oppositionsparteien in die Regierung noch

Gültigkeit hat, ist offen. Man sollte jedoch annehmen, daß der neue Wirtschaftsminister, Gramoz Pashko, es in seinen Grundlinien beibehalten wird. Es ist allerdings fraglich, ob seine Durchführung in dem geplanten Tempo möglich sein wird, da die Initiative für die Privatisierung nach der gegenwärtigen Verteilung der Kompetenzen von den Ministerien kommen müßte und die meisten Details über die bei der Privatisierung anzuwendenden Methoden noch nicht geklärt sind. Zumindest hat die Umsetzung dieses Programms bereits begonnen.

(1) In der **ersten Phase**, als "kleine Privatisierung" bezeichnet, die noch im Mai beginnen sollte und auch tatsächlich begann und während der noch in diesem Jahr möglichst viele der Kleinunternehmen mit etwa 10-20 Arbeitern in der **Baubranche**, im **Handel**, im **Dienstleistungsbereich** sowie im **Verkehrs- und Tourismussektor** privatisiert werden sollen, setzt man offenbar auf **Management-buy-out**, finanziert vor allem mittels Bankkrediten.

1.500 kleine Unternehmen aus dem Bereich der **Leichtindustrie**, mit etwa 16.000 Arbeitnehmern, sollen im Zuge dieser ersten Phase privatisiert werden. Als besonders geeignet für die Privatisierung betrachtet man sodann kleine Werkstätten und Kunsthandwerksbetriebe, die einheimische Rohmaterialien verarbeiten und einen großen Teil ihrer Produktion exportieren (etwa die Teppichknüpfereien).

In der **Nahrungsmittelindustrie** sollen in der ersten Phase der Privatisierung die Unternehmen privatisiert werden, die Süßwaren und alkoholfreie Getränke herstellen, außerdem milchverarbeitende Betriebe, kleine Bäckereien, Fleischereien usw.

Im **Handels- und Dienstleistungsbereich** sollen alsbald
3.654 Restaurants sowie 920 Gemüseläden, 76 andere
Läden und 120 Hotels in private Hände übergehen - Betriebe, in denen insgesamt rund 20.000 Arbeitnehmer beschäftigt sind. Außerdem sollen die Taxis und die Repa-
raturwerkstätten privatisiert werden.

Bis wann diese Privatisierungsvorhaben abgeschlossen
sein sollen, wird in dem von der Expertenkommission er-
arbeiteten Papier nicht gesagt. Bis Ende Juni 1991 kam
man jedenfalls über erste Anfänge nicht hinaus.

(2) Im Bereich der "**großen Privatisierung**" soll in einer
späteren zweiten Phase, deren Beginn und Dauer nicht
näher terminiert ist, darangegangen werden, die Staatsunternehmen in **Aktiengesellschaften** umzuwandeln. Nach
und nach soll der Staat die Aktien dieser Unternehmen
auf dem Kapitalmarkt an einheimische und ausländische
Erwerber verkaufen. Damit einhergehen soll eine Entflechtung der Kombinate sowie die Aufspaltung von Groß-
betrieben in kleinere, homogenere Produktionseinheiten,
womit angeblich schon begonnen worden ist. Bezweckt ist
damit, durch Demonopolisierung Wettbewerbsverhältnisse
zu schaffen und das Management der Staatsunternehmen
nach westlichem Vorbild umzugestalten.

Bei der Privatisierung der großen Unternehmen setzt
Albanien auf die Zusammenarbeit mit ausländischem
Kapital, vor allem auch in der Form von Joint Ventures.
Solche sind bereits im Bereich der Ölförderung, der
Holzindustrie sowie der Leder- und Schuhproduktion vor-
handen bzw. im Entstehen begriffen. Auch für die Privatisierung der Weinkellereien, der Konservenfabriken,
der Speiseölherstellung, der Seifenfabriken, Spaghetti-
fabriken und Brauereien rechnet man auf Zusammenarbeit

mit ausländischem Kapital, wobei offenbar auch daran gedacht ist, einen Teil dieser Betriebe vollständig an Ausländer zu verkaufen.

(3) Im Bereich der **Landwirtschaft** soll ein privater klein- betrieblicher Sektor durch eine Ausweitung der Hofland- wirtschaften entstehen. Die Genossenschaften sollen völlig unabhängige, untereinander in Wettbewerb stehen- de Privatunternehmen werden. Die Staatsfarmen sollen dagegen offenbar zunächst noch in der Hand des Staates verbleiben, jedoch größere Selbständigkeit erlangen und effizienter geführt werden.

Es ist absehbar, daß die Durchführung des Privatisierungs- programms auf erhebliche Schwierigkeiten stoßen wird. Ins- besondere fehlt es an einer für die rasche Durchführung der Privatisierung verantwortlichen Institution. Wie gesagt, sind auch die Methoden der Privatisierung noch heftigst umstritten. Hinzu kommt, daß das nach wie vor zu über 90 % dominierende planwirtschaftliche Umfeld, mit staatlichen Preisregulierungen, die Privatisierung erschwert. Weitere Faktoren sind der Zustand vieler Unternehmen, der sie für eine Privatisierung unattraktiv macht, der Mangel an Kapi- tal, um Unternehmen oder Unternehmensteile zu kaufen, und die zu erwartenden sozialen Folgen der Privatisierung.

Die Rahmenbedingungen für den privaten Sektor

Die Zulassung privater Unternehmen in Albanien macht die Umgestaltung des Wirtschaftsrechts notwendig. Dabei sind die Außerkraftsetzung der Verbote und Einschränkungen für die private Wirtschaftstätigkeit und die Handlungsfreiheit der halbstaatlichen Genossenschaften sowie der Staatsbe- triebe weniger problematisch als die Schaffung von Rege- lungen, die in der Planwirtschaft überflüssig waren, für das Funktionieren einer Marktwirtschaft aber unerläßlich sind. Damit wurde bisher noch nicht in systematischer Weise begonnen. Lediglich die folgenden Regelungen über die Besteuerung und einige damit in Zusammenhang stehende Sachverhalte sind bisher, offenbar in aller Eile, erlassen worden. Von diesen Bruchstücken – die wohl keinen langen Bestand haben werden – abgesehen, steht Albanien noch vor der großen Aufgabe, eine Rechtsordnung für die Wirtschaft zu schaffen. Angesichts der Tatsache, daß das Land ohne Juristen, die diesen Namen verdienen, dasteht, wird es diese Aufgabe ohne ausländische Hilfe nur sehr schwer bewältigen können.

Am 15. April 1991 gab das Finanzministerium einen Erlaß über die **Besteuerung der Privatunternehmen**[67] heraus. Nach diesem Erlaß ist die Besteuerung von Einzelfirmen und Personengesellschaften unterschiedlich zur Besteuerung der Genossenschaften und Aktiengesellschaften geregelt.

Für **Einzelfirmen** und **Personengesellschaften** gilt ein Mindeststeuersatz von 5 % und ein maximaler Grenzsteuersatz von 50 % (vgl. die folgende Übersicht). Bei einem Gewinn von bis zu 10.000 Lek pro Jahr muß ein Einzelunternehmen oder eine Personengesellschaft nur 5 % davon als Einkommensteuer abführen. Bei einem Gewinn zwischen 10.000 und 12.000 Lek setzt sich die Einkommensteuer aus einer Pauschale von 500 Lek plus 7 % auf den 10.000 Lek übersteigenden Betrag zusammen, das sind bei einem Gewinn von 11.000 Lek insgesamt 570 Lek, also knapp 5,2 %. Sowohl der Mindeststeuersatz als auch der prozentuale Aufschlag für den den Grundbetrag der jeweiligen Steuergruppe übersteigenden Mehrgewinn sind **progressiv** ausgestaltet. Bei einem Gewinn von über 100.000 Lek z.B. beträgt der Basissteuersatz 24,5 % und der Grenzsteuersatz 40 % auf den 100.000 Lek übersteigenden Gewinn; bei einem Gewinn von 150.000 Lek beträgt somit die gesamte Einkommensteuer 24.540 Lek plus 40 % von 50.000, also 20.000 Lek, insge-

BESTEUERUNG DER EINZELFIRMEN UND PERSONENGESELLSCHAFTEN*

Steuer-gruppe	Gewinn	Steuer
	Bei Nettoeinkünften (Gewinnen)	
	bis zu 10.000 LEK	5%
	Bei Gewinn	
(1)	von 10.001- 12.000 LEK	500 LEK + 7% des Gewinns, der 10.000 LEK übersteigt
(2)	von 12.001- 15.000 LEK	640 LEK + 10% " 12.000 LEK "
(3)	von 15.001- 20.000 LEK	940 LEK + 12% " 15.000 LEK "
(4)	von 20.000- 25.000 LEK	1.540 LEK + 15% " 20.000 LEK "
(5)	von 25.001- 35.000 LEK	2.290 LEK + 20% " 25.000 LEK "
(6)	von 35.001- 50.000 LEK	4.290 LEK + 25% " 35.000 LEK "
(7)	von 50.001- 70.000 LEK	8.040 LEK + 30% " 50.000 LEK "
(8)	von 70.001-100.000 LEK	14.040 LEK + 35% " 70.000 LEK "
(9)	von 100.001-150.000 LEK	24.540 LEK + 40% " 100.000 LEK "
(10)	von 150.001-250.000 LEK	44.540 LEK + 45% " 150.000 LEK "
	Mbi 250.001	99.540 LEK + 50% " 250.000 LEK "

* Entnommen dem Erlaß Nr. 7, vom 15.4.1991 über die Besteuerung der Privatunternehmen.

samt also 44.540 Lek, das sind knapp 30 % des Gewinns.
Angesichts der Tatsache, daß ein Unternehmergewinn von
150.000 Lek - auch noch nach der im Generalstreik durchge-
setzten pauschalen Lohnerhöhung - mehr als das Fünfzehnfa-
che des durchschnittlichen Jahreseinkommens eines Arbeit-
nehmers darstellen würde, erscheint die Progression nicht
übertrieben.

Für **Genossenschaften** und **Aktiengesellschaften** gilt ein
einheitlicher Steuersatz auf den Gewinn, der davon abhängig
ist, welchem Sektor die Unternehmen angehören. Unternehmen
in dieser Rechtsform, die Baumaterial produzieren, werden
nur zu 15 % besteuert, Unternehmen im Bereich des Handwerks
zu 20 % und im Handel zu 25 %. Unternehmen in den übrigen
Sektoren der Wirtschaft, also im Bereich der Industrie und
der Landwirtschaft, müssen 20 % ihres Gewinns als Steuern
an den Staat abführen.

Mit diesen moderaten Steuersätzen wurde das Finanzministerium der Bestimmung in Ziffer 17 des Privatisierungsbe-
schlusses gerecht, nach der die Art und Weise der Besteuerung der Privatunternehmen "stimulierend auf deren Aktivitäten" wirken solle - womit wohl gemeint war, daß die Steu-
ergesetzgebung die Privatunternehmen nicht abschrecken oder
gar abwürgen dürfe. Der Steuererlaß trägt dieser Forderung
auch dadurch Rechnung, daß er generell für die ersten
6 Monate nach Unternehmensgründung eine Steuerminderung von
30 % vorsieht. Auch danach können Unternehmen in bestimmten
Regionen sowie in der Land- und Bauwirtschaft bis zu 5 Jahre Steuererleichterungen in Höhe von 15-30 % ihrer Steuer-
schuld gewährt werden. Ins Ausland transferierte Gewinne
werden lediglich mit 10 % besteuert. Für auf mindestens
5 Jahre reinvestierte Gewinne, ist eine Steuerermäßigung in
Höhe von 40 % vorgesehen. Verluste können in das darauffol-
gende Jahr übertragen und mit dem Gewinn dieses Jahres sal-
diert werden; ist der Gewinn des zweiten Jahres niedriger

als der Verlust des Vorjahres, kann der Verlust bis maximal 3 Jahre weiter übertragen werden. Der Steuererlaß sieht auch vor, daß Unternehmen gegen die Steuerfestsetzung Beschwerde einlegen können. In Ermangelung einer entsprechenden Gerichtsbarkeit muß diese Beschwerde bei dem Exekutivkomitee der Region (der Bezirksverwaltung) erfolgen, welches letztlich darüber zu befinden hat, ob die Steuerbehörde oder das Unternehmen Recht bekommt.

Mit den Erlassen Nr. 4 und 5 vom 12.4.1991 wurden die **Gewinnermittlungsregeln** für Privatunternehmen grob festgelegt. Danach errechnet sich der Gewinn der Privatunternehmen aus der Differenz zwischen den Gesamteinkünften (aus dem Verkauf der Produkte bzw. dem Entgelt für erbrachte Dienstleistungen plus Einkünften aus Vermietung, Zinseinkünften und anderen Einkünften) und den Aufwendungen (für Roh-, Hilfs- und Betriebsstoffe, für Abschreibung, für Löhne und Sozialversicherung, für Werbung und andere abzugsfähige Ausgaben, die noch näher bestimmt werden sollen).

Die zulässigen jährlichen **Abschreibungsraten** sind im Erlaß Nr. 4 im einzelnen aufgeführt. Die Abschreibungsraten reichen von 3 %-40 % je nach der Art der Produktionsmittel, beginnend mit 3 % für Gebäude, über 10 % für Fahrzeuge und Computer, 15 % für Maschinen, 30 % für Werkzeuge etc. bis hin zu 40 % für die Gebrauchsgegenstände von Hotels und Restaurants (Geschirr, Bestecke usw.). Die 18 Posten umfassende Liste basiert offenbar auf Annahmen über die Lebensdauer der Kapitalgüter, erscheint jedoch ziemlich willkürlich und zudem lückenhaft.

Über die Einkommenssteuer hinaus müssen die Betriebe eine **Umsatzsteuer** entrichten. Diese ist für die meisten Waren in Prozent des Verkaufspreises fixiert, bei einigen Gütern in Lek pro Tonne bzw. Hektoliter und bei elektrischer Energie in Lek pro Kilowattstunde. Die Umsatzsteuerliste enthält an

die 100 Einzelpositionen.[68] Die Steuersätze liegen zwischen
5 % und 80 %. Sie sind am höchsten für Pharmazeutika sowie
Zigaretten und Zigarren. Die hinter dieser Differenzierung
stehenden politischen Absichten werden nicht ohne weiteres
erkennbar. Es scheint, daß mittels Umsatzsteuerdifferenzie-
rung der Verbrauch in der Weise beeinflußt werden soll,
daß weniger lebensnotwendige oder gar gesundheitsschädliche
Nahrungsmittel und Konsumgüter stärker belastet werden
als für wichtiger erachtete. So werden z.B. alkoholische
Getränke - mit Ausnahme von Wein und Raki (!), auf die
nur 20 % Umsatzsteuer zu entrichten sind - mit einer
Umsatzsteuer von 50 % belegt, nicht-alkoholische Getränke
dagegen nur mit 10 %. Da im Privatsektor die Preisbildung
grundsätzlich frei ist - der Staat darf nur für gewisse
lebenswichtige Güter und Dienste in nicht-wettbewerblichen
Sektoren Höchstpreise festsetzen - sollen die Umsatzsteuersätze wohl auch eine Angleichung an die Preisstrukturen im
staatlichen Sektor bewirken. Welche Rolle bei der Umsatz-
besteuerung das fiskalische Motiv spielt, ist schwer zu
sagen. Sicherlich aber erklärt sich die relative Höhe der
Umsatzsteuersätze auch aus dem Bestreben des Staates, einen
Teil der auf die freien Märkte drängenden Kaufkraft für das
Staatsbudget abzuschöpfen.

4. Das Wirtschaftssystem Albaniens Ende Juni 1991

Das gegenwärtige albanische Wirtschaftssystem enthält Elemente aus drei vollkommen unterschiedlichen Phasen seiner
historischen Entwicklung: der **stalinistischen Periode** bis
Mai 1990, der **Reform-** bzw. **Perestrojka-Phase** von Mai 1990
bis Ende Februar/Anfang März 1991 sowie der nunmehr erst
seit wenigen Monaten währenden **Phase der beginnenden Transformation** zur Marktwirtschaft.

Die Strukturen und insbesondere die Verhaltensweisen, die sich in über 40 Jahren einer stalinistischen Befehlswirtschaft herausgebildet haben, sind nach wie vor prägend für das gegenwärtige System, auch wenn sie in der Reformphase seit Mai 1990 aufgebrochen und zumindest im Ansatz verändert wurden und seit März 1991 durch die Privatisierungspolitik versucht wurde, die Grundlagen für einen Übergang zur Marktwirtschaft zu legen.

In der **Perestrojka-Phase der Reformen** wurde die private Wirtschaftstätigkeit grundsätzlich – wenn auch zunächst nur im Handwerk und im Dienstleistungssektor und nur eingeschränkt –, erlaubt. Hauptziel der Reformpolitik war es, den bisher voll der zentralen Planung unterworfenen Betrieben größere Spielräume für Eigeninitiative zu verschaffen. Einige Subsektoren (z.B. Möbel-, Glas- und Keramikerzeugung) wurden voll aus der staatlichen Planung entlassen; sie erhielten das volle Verfügungsrecht über ihre Produktionskapazitäten. Die meisten übrigen Betriebe sollen künftig nur noch zu höchstens 80 % ihrer Kapazitäten in die staatliche Planung einbezogen werden; die restlichen 20 % sollen zu ihrer Disposition stehen, um nach eigenem Gutdünken für freie Märkte zu produzieren. Angeblich werden viele Betriebe nur noch zu weit weniger als 80 % ihrer Kapazitäten in die zentrale Planung einbezogen. Die sogenannten strategischen Sektoren Bergbau, Erdölförderung, Stromerzeugung und andere verblieben jedoch voll unter der staatlichen Kontrolle und bekamen nach wie vor mengenmäßige Produktionsauflagen für die Belieferung inländischer Firmen bzw. den Export.

Die Reformmaßnahmen zielten darüber hinaus auf die Herauslösung der Betriebe – die mit Ausnahme der Genossenschaften damals noch alle Staatsbetriebe waren – aus dem Staatshaushalt ab. Die Abführungen an das Budget wurden reduziert; die danach sowie nach Abzug aller Kosten verbleibenden

Überschüsse (Gewinne) werden nur mit 10 % versteuert. Dadurch verbleiben angeblich künftig durchschnittlich 40 % des Gesamtgewinns zur Reinvestition und (maximal 50 % des Überplangewinns), auch zur Verteilung auf die Arbeitnehmer in den Betrieben. Den Betrieben ist auch erlaubt worden, Bankkredite zur Investitionsfinanzierung aufzunehmen. Seit Beginn dieses Jahres dürfen sie außerdem selbständig zusätzliche Arbeitskräfte einstellen, Entlassungen jedoch nur dann vornehmen, wenn die Beschäftigung der freigesetzten Arbeitskräfte in anderen Betrieben sichergestellt ist. Betriebe die keine Gewinne machen und die nicht in der Lage sind, die Mittel zur Erfüllung ihrer Verpflichtungen gegenüber der Staatsbank, dem Staat sowie möglicherweise gar ihren Lieferanten und ihren Arbeitnehmern zu erfüllen, sollen - wenn sich dieser Zustand als chronisch erweist - stillgelegt werden. Verluste werden zwar zunächst, wie bisher, aus dem Budget finanziert, jedoch in Form von Krediten der Staatsbank an die Unternehmen. Diese müssen verzinst und getilgt werden. Ist dies wegen fortgesetzter Verluste nicht möglich, entscheidet der Staat, ob das Unternehmen stillgelegt oder weiter subventioniert werden soll. Im Falle der Stillegung garantiert der Staat die Unterbringung der Beschäftigten in anderen Unternehmen. Auf Dauer sollen nur solche Unternehmen subventioniert werden, deren Produktion für die Wirtschaft "unverzichtbar" ist.

Dieser "Neue Wirtschaftsmechanismus", der weitgehend dem entspricht, wie er in der Sowjetunion durch das Betriebsgesetz von 1987 eingeführt wurde, sollte zum 1. Januar dieses Jahres in Kraft treten. Doch zu diesem Zeitpunkt befand sich das Land bereits mitten in der geschilderten politischen und ökonomischen Krise. Inwieweit die eklatante Untererfüllung des Plans in den ersten Monaten dieses Jahres diesem neuen Mechanismus, politischen Faktoren oder der bereits im Februar erkennbaren Weichenstellung in Richtung Marktwirtschaft anzulasten und damit die Folge des Zusammenbruchs der planwirtschaftlichen Strukturen ist, vermag niemand zu sagen; alle diese Faktoren wirkten zusammen. Es gibt jedoch gute theoretische und empirische Argumente dafür, daß auch die zügige und friktionslose Umstellung auf den "neuen Mechanismus" die albanische Misere nur ver- längert und nicht gelöst hätte, [69] weil die nur halbherzig reformierte Soviet-type Economy vielleicht noch schlechtere Ergebnisse zeitigt als das alte Kommandosystem. [70]

Es ist offenbar diese Einsicht in die Unzulänglichkeiten des Reformsozialismus, die hinter der im Frühjahr 1991 getroffenen Entscheidung für die **volle Einführung der Marktwirtschaft** stand. Die vor dem Hintergrund dieses Ziels seither getroffenen Maßnahmen bestanden, wie oben darge- legt, in der Schaffung bruchstückhafter Rechtsgrundlagen für einen privaten Sektor und in der gleichzeitigen Einlei- tung von Privatisierungsmaßnahmen im Bereich des Handels und der Dienstleistungen - also der sogenannten "kleinen Privatisierung". Damit waren Regierung und Verwaltung offenbar derart ausgelastet, daß die Durchführung der im Vorjahr beschlossenen Reformen des Staatssektors nur noch halbherzig vorangetrieben wurde, zumal es während der gan- zen Zeit mehr oder weniger offenblieb, in welchem Umfang auch die mittleren und größeren Staatsunternehmen früher oder später privatisiert werden sollen.

Die Bestrebungen um die Schaffung der makroökonomischen Rahmenbedingungen für eine Marktwirtschaft, insbesondere die Umgestaltung des Bankensystems und die Einführung eines Systems der sozialen Sicherung, treten bisher noch auf der Stelle. Das gegenwärtige - Ende Juni 1991 existierende - albanische Wirtschaftssystem läßt sich somit zusammenfas- send wie folgt charakterisieren:

– Im **Mikrobereich** ist ein Privatsektor im Entstehen begriffen. Das begann damit, daß sich auf der Grundlage des
Beschlusses Nr. 228, vom 11.7.90, der private Handwerks-
und Dienstleistungsbetriebe zuließ, in sehr bescheidenem
Umfang (in Form von Straßenverkaufsständen, Reparaturlä-
den u.ä.) **Privatinitiative** entfaltete. Auf der Grundlage
des Privateigentums-Dekrets vom 12. März sowie des
Privatisierungs-Beschlusses vom 3. April 1991 erfolgten
dann entschlossenere Anstrengungen zur **Privatisierung** von
Staatsunternehmen von seiten des Staates selbst. Im Zuge
dieser Bemühungen sollen bisher rund 100 Einzelhandels-
unternehmen und 13 Reparaturbetriebe zu Preisen zwischen
10.000 und 50.000 Lek an ehemalige Angestellte verkauft
worden sein. Außerdem gibt es offensichtlich auch Neu-
gründungen, z.B. von kleinen Restaurants und Gartenkaffe-
es. Darüber hinaus hat ein Auslandsalbaner mit 50 neuen
PKWs einer französischen Marke ein kombiniertes Taxi- und
Autoverleihunternehmen eröffnet.

Im Bereich des Ministeriums für Leicht- und Nahrungsmittelindustrie wurden Anstalten unternommen, um die Unternehmen in kleinere Einheiten aufzuteilen, und es wurde
bereits damit begonnen, potentielle Interessenten an den
einzelnen Einheiten zu registrieren. Das Ministerium für
Schwerindustrie hat 34 Unternehmen aus dem Bereich der
chemischen und der holzverarbeitenden Industrie als mögliche Privatisierungsobjekte benannt und damit begonnen,
ihren Wert zu berechnen.

In der Landwirtschaft wurde damit begonnen, die privaten
Flächen auf die angestrebte Größe von 0,4 Hektar auszuweiten. Auch die Viehbestände sollen größtenteils bereits
auf die Familien aufgeteilt worden sein. In beiden Fällen
soll es zu heftigen Streitereien und zu chaotischen Zu-
ständen gekommen sein.

Sieht man von dem noch rudimentären privaten Sektor des Handels und des Dienstleistungsbereichs ab, ist die albanische Wirtschaft nach wie vor in Staats- bzw. genossenschaftlich-kollektivwirtschaftlichem Eigentum (also quasi-Staatseigentum). Joint Ventures spielen noch so gut wie keine Rolle. Auch von neuen Joint Venture-Vorhaben ist wenig zu hören. Im staatlichen Sektor der albanischen Wirtschaft kamen die im letzten Jahr beschlossenen Reformen zur **Verselbständigung der Unternehmen** offenbar bisher nicht so recht voran. Das alte Kommandosystem, dessen Strukturen noch bestehen, funktioniert infolge der Auflösung der Disziplin und der Parteiherrschaft nicht mehr richtig, aber auch der "neue Mechanismus", der den Betrieben eine größere Selbständigkeit bringen und sie dafür harten Budgetrestriktionen unterwerfen sollte, funktioniert noch nicht. Noch immer deckt die Staatsbank Betriebsverluste automatisch ab. Auch die Bestrebungen, die Leitungsstrukturen in den Betrieben zu straffen, halten sich offensichtlich in Grenzen, und von einer Abschaffung der Branchenministerien war bisher überhaupt noch nicht die Rede.

Doch selbst wenn die Vorstellungen des vergangenen Jahres für die Wirtschaftsreform voll umgesetzt worden wären, hätte dies angesichts der neuen Zielstellung Marktwirtschaft nicht ausgereicht. Denn unabhängig von der Frage, welche Sektoren wie lange im Staatseigentum verbleiben sollen, wird die Zielsetzung Marktwirtschaft die Überführung der Staatsbetriebe – soweit sie nicht privatisiert werden können oder sollen – in eine privatrechtliche Form nötig machen. Das heißt auch, daß die Staatsbetriebe dem Wettbewerb ausgesetzt und in der gleichen Weise geführt werden müssen wie Privatunternehmen; für sie müssen dieselben Regeln gelten wie für die Privatwirtschaft, das heißt sie dürfen nicht in besonderer Weise durch staatliche Maßnahmen vom Wettbewerb durch den privaten Sektor abgeschirmt werden, weil dies eine Diskriminierung des Privatsektors bedeuten würde. Andererseits dürfen die in Staatseigentum verbleibenden Betriebe nicht dadurch diskriminiert werden, daß sie mit Aufgaben überfrachtet werden, die Aufgaben der Wirtschaftspolitik sind.

- Im **Makrobereich** der albanischen Wirtschaft fehlen bisher noch alle Voraussetzungen für eine Marktwirtschaft. Zwar ist die **Preis- und Lohnfindung** im Privatsektor frei. Doch der Privatsektor muß seine Inputs zwangsläufig vom Staatssektor beziehen, wobei der Staat nach wie vor die weitaus meisten Preise festsetzt. Dies schafft erhebliche Unsicherheiten für den entstehenden Privatsektor. So scheiterte z.B. die Privatisierung der Taxis bisher an der ungeklärten Frage, zu welchen Preisen die privaten Taxiunternehmen künftig den Kraftstoff vom Staat kaufen können. Da der Staat nach wie vor keinen Grund und Boden verkaufen darf, fehlt bisher ein **Bodenmarkt**. Auch dies behindert die private Wirtschaftstätigkeit insofern, als es bisher keine Regelungen für die Festsetzung von Grundstückspachten gibt. Damit sind Allokationsverzerrungen und behördliche Willkürakte programmiert. Auf dem **Arbeitsmarkt** haben sich zwei Gewerkschaften als kollektive Interessenvertreter der Arbeitnehmerschaft sehr rasch herausgebildet. Es sind die reformierte, sich inzwischen als von der Partei unabhängig deklarierende ehemalige kommunistische Gewerkschaft und eine sogenannte unabhängige, spontan neu entstandene Gewerkschaft, der man nachsagt, der demokratischen Partei nahezustehen. Diese Arbeitnehmervertretungen haben auf Arbeitgeberseite noch kein Pendant; nach wie vor ist der Arbeitgeber nahezu aller Beschäftigten der Staat. Auch fehlen noch jegliche rechtlichen Regelungen für den Arbeitsmarkt. So war es möglich, daß die Gewerkschaften einen Generalstreik ausrufen konnten, der zum Teil eindeutige politische Zielsetzungen verfolgte (und auch erreichte), während die streikenden Arbeitnehmer vom Staat voll entlohnt (!) wurden. Schließlich fällt sehr stark ins Gewicht, daß es noch kein zweistufiges Bankensystem und damit auch keine funktionierenden **Kredit- und Kapitalmärkte** gibt. Damit fehlen auch die Voraussetzungen für den Einsatz der Geldpolitik als Mittel der Wirtschaftspolitik. Auch die Einsatzmöglichkeiten fiskalpolitischer Maßnahmen sind infolge des bruchstückhaften Steuerwesens – von einem System kann man nicht sprechen – äußerst begrenzt.

Die derzeitige Krise überdeckt die Tatsache, daß die gegenwärtige Wirtschaftsordnung Albaniens keine Ordnung ist, sondern ein Mischsystem aus Elementen der stalinistischen Kommandowirtschaft, des Reformsozialismus osteuropäischer Prägung und einer noch rudimentären Marktwirtschaft. Gäbe es die gegenwärtige Krise nicht, würde dieses Mischsystem sie hervorrufen. Es ist daher keine Frage, daß Albanien ein funktionsfähiges Wirtschaftssystem erst noch schaffen muß. Darüber, daß dies eine Marktwirtschaft sein soll, besteht ein breiter Konsens. Heftig diskutiert wird dagegen die Frage, in welchem Tempo der Übergang zur Marktwirtschaft erfolgen soll bzw. kann.

III. Entwicklung und Stand der Diskussion um die weitere Transformation des Wirtschaftssystems

1. Das Ziel der Transformation des Wirtschaftssystems

Angesichts der Tatsache, daß noch vor kaum mehr als einem Jahr Ramiz Alia und mit ihm die gesamte Führungselite Albaniens stets verlauten ließen, das Land lasse sich durch nichts und niemand von seinem sozialistischen Kurs abbringen, muß das heutige einhellige Bekenntnis derselben Leute aus Wissenschaft und Politik zur Marktwirtschaft erstaunen. Dennoch erscheint es glaubwürdig. Denn der Bankrott des alten Systems ist derart total und für jedermann offensichtlich, daß man es den ehemaligen Anwälten des stalinistischen Systems durchaus abnehmen muß, wenn sie – jetzt, da sie ihre wirkliche Meinung frei äußern können – auf radikale Veränderungen setzen. Natürlich ist anzunehmen, daß es noch uneinsichtige Anhänger bzw. Nutznießer des alten Systems gibt, die den Veränderungen mit großer Skepsis oder gar Ablehnung gegenüberstehen, doch diese wagen es bisher offensichtlich nicht, dem allgemeinen Bekenntnis zur Marktwirtschaft offen entgegenzutreten.

Hinterfragt man dieses Bekenntnis zur Marktwirtschaft, dann zeigen sich allerdings deutliche Nuancen im Verständnis dieses Begriffs. Dabei kann man deutlich zwischen **zwei verschiedenen Positionen** unterscheiden:

- Nach der einen, die sich offenbar in der ehemaligen **kommunistischen Partei** durchgesetzt hat und der auch die älteren Vertreter der Wirtschaftswissenschaften überwiegend anhängen, wird **Marktwirtschaft als eine Mixed Economy** interpretiert. Nach 40 Jahren Kommandowirtschaft kann man sich offenbar einen so weitgehenden Rückzug des Staates aus der Wirtschaft wie in den westlichen Marktwirtschaften nicht vorstellen. Dahinter stehen sowohl ideologische Vorbehalte als auch praktische Bedenken.

An erster Stelle steht dabei das Postulat, daß das Staatseigentum an Grund und Boden nicht angetastet werden darf. Einen Bodenmarkt soll es nach dieser Position also in der albanischen Marktwirtschaft nicht geben.

Der zweite Punkt, der die Mixed Economy-Konzeption kennzeichnet, ist die Überzeugung, daß so bezeichnete "lebenswichtige Sektoren" der Volkswirtschaft im Eigentum und unter Leitung des Staates verbleiben müssen. Ausdrücklich genannt werden dabei in aller Regel das Bildungs- und Erziehungssystem, das Gesundheitswesen, der Verkehrssektor, Post- und Telekommunikation, der Bergbau und der Energiesektor sowie manchmal auch die Schwerindustrie.

Das dritte Charakteristikum dieses sozialistisch geprägten Marktwirtschaftskonzepts besteht in der Auffassung, daß der Staat aktiv die wirtschaftliche Entwicklung gestalten müsse, sei es in Form von Industriepolitik, Strukturpolitik oder durch einen indikativen Rahmenplan.

- Demgegenüber wird von der **demokratischen Partei** und von den jüngeren Ökonomen, die in der Mehrzahl dieser Partei nahestehen, ein stärker am westeuropäischen Vorbild orientiertes und damit liberaleres Marktwirtschaftskonzept vertreten. Die Demokraten wollen Privateigentum an Grund und Boden zulassen. Im landwirtschaftlichen Bereich soll der Landbesitz dadurch privatisiert werden, daß der Boden an diejenigen aufgeteilt wird, die ihn gegenwärtig bearbeiten. Nicht-landwirtschaftliche Grundstücke sollen durch Verkauf an Privatpersonen privatisiert werden. Pri-

149

vates Wohnungseigentum soll durch die kostenlose Überlassung der Wohnungen an die gegenwärtigen Bewohner hergestellt werden.

Die Demokraten treten grundsätzlich für die Privatisierung aller Staatsunternehmen ein - im Bereich der kleinen
Privatisierung durch Verkauf, Versteigerung oder mehr
oder weniger unentgeltliche Überlassung, im Bereich der
großen Privatisierung durch Umwandlung der Betriebe in
Aktiengesellschaften, wobei die Arbeitnehmer Gratisaktien
erhalten sollen. Nach Schaffung einer Aktienbörse sollen
dann die übrigen Aktien an In- und Ausländer frei verkauft werden. Auch die Arbeitnehmer sollen das Recht haben, ihre Gratisaktien an dieser Börse zu verkaufen bzw.,
sofern sie es wünschen, weitere Aktien zu erwerben.

Einig sind sich beide Gruppen darin, daß die albanische
Marktwirtschaft eine **soziale Marktwirtschaft** sein soll,
das heißt daß die soziale Absicherung der Bevölkerung
eine wichtige Staatsaufgabe ist. Eine Diskussion über die
praktische Ausgestaltung der Sozialpolitik ist angesichts
der kurzen Zeit und der drängenderen Probleme jedoch bisher
noch nicht in Gang gekommen. Doch es ist zu erwarten, daß
sich auch dabei deutliche Unterschiede zwischen dem ehemals
kommunistischen (jetzt sozialistischen) Lager und der
demokratischen Partei zeigen werden - wobei die Sozialisten
sicherlich für eine obrigkeits- und wohlfahrtsstaatliche
Konzeption, die Demokraten vielleicht für eine minimale soziale Absicherung nach dem Subsidiaritätsprinzip eintreten
werden.[71]

2. Unterschiedliche Transformationskonzepte

Auch hinsichtlich des Weges zur Marktwirtschaft gibt es in
den beiden genannten Lagern durchaus in einigen wesentlichen Punkten abweichende Vorstellungen.

a. Die Transformationsvorstellungen der Sozialisten

Im folgenden sollen zunächst die Ideen der etablierten
Wirtschaftswissenschaftler sowie der ehemals kommunistischen, jetzt sozialistischen Partei für die Umgestaltung
der Wirtschaft dargelegt werden, die bis Anfang Juni die
Politik bestimmten. Dokumentiert sind sie – wenn auch in
relativ verkürzter Form – in der Regierungserklärung von
Fatos Nano, die dieser am 9. Mai 1991 vor dem Parlament
abgegeben hat. Die folgende Darstellung stützt sich primär
auf das erwähnte Papier aus der Kommission für die Reform,
das schon im Februar dieses Jahres erarbeitet wurde und
das Nanos Erklärungen ganz offensichtlich zugrunde lag,[72]
sowie ergänzend auf Gespräche mit Professor Hekuran Mara,
dem Nestor der albanischen Wirtschaftswissenschaft, und mit
Professor Luci, dem Dekan der wirtschaftswissenschaftlichen
Fakultät der Universität Tirana, die Ende April und Mitte
Juni dieses Jahres stattfanden.

In ersten Ansätzen wurden die hier dargelegten sozialistischen Vorstellungen über die Umgestaltung der albanischen
Wirtschaft noch unter Nano - der Anfang Juni zurücktrat -
umgesetzt. Inzwischen ist die Diskussion – nicht zuletzt
auch auf dem Parteitag der Sozialisten Anfang Juni -
weitergegangen; die noch bruchstückhaften konzeptionellen
Vorstellungen über die Systemtransformation scheinen sich
jedoch bis Ende Juni noch nicht weiter konkretisiert zu
haben, da man nun auch stärker mit den Vorstellungen der

in der neuen Regierung vertretenen Oppositionsparteien kon-
frontiert ist, wodurch sich die Fronten zu verwischen beginnen.

(1) Die Transformation des Eigentumssystems

Offenbar ist man sich auf seiten der gewandelten Kommunisten inzwischen dahingehend einig, daß als erster
Schritt zur Herstellung marktwirtschaftlicher Bedingungen in Albanien eine **"pluralistische Eigentumsordnung"**
geschaffen werden soll. Neben dem Staatseigentum, das
in "lebenswichtigen Bereichen der Wirtschaft" weiter-
bestehen soll, soll es auch künftig Gruppeneigentum
in der Form von Genossenschaften geben, sodann Privateigentum in verschiedenen Unternehmensformen (von der
Einzelfirma bis zur Aktiengesellschaft) sowie gemischte
Unternehmen zwischen Staatsunternehmen, Genossenschaften und Privatunternehmen.

Noch umstritten ist offenbar das **relative Gewicht**, das
die verschiedenen Eigentumsformen in der zu schaffenden
albanischen gemischten Marktwirtschaft haben sollen.
Privateigentum sollte es nach der herrschenden Meinung
zunächst nur im kleinbetrieblichen Bereich, vorwiegend
im Handwerk und im Dienstleistungssektor, geben. Inzwischen gehen die Vorstellungen wohl dahin, daß auch
der größte Teil der Betriebe der Leicht- und Nahrungsmittelindustrie im Zuge der sogenannten "kleinen Privatisierung" in Privateigentum überführt werden soll.
Die bestehenden Genossenschaften, die in der jetzigen
Form Quasi-Staatsbetriebe sind, sollen verkleinert und
in privatrechtliche Form umgestaltet werden. Heftig
umstritten war offensichtlich, ob und in welchem Umfang
mittlere und große Betriebe im Staatseigentum verbleiben, also auf keinen Fall privatisiert werden sollen.
Gegenwärtig hat es den Anschein, daß sich die Formel

durchgesetzt hat, daß in den "für die Entwicklung des Landes und die Wohlfahrt der Bevölkerung wesentlichen Sektoren" das Staatseigentum bestehen bleiben müsse.[73]

Nach den Vorstellungen der albanischen Ex-Kommunisten soll der Eigentumspluralismus sein Pendant in einer **pluralistischen Rechtsordnung** finden, d.h., daß für den staatlichen, den genossenschaftlichen und den privatwirtschaftlichen Sektor jeweils besondere rechtliche Regelungen - unter anderem hinsichtlich Preisbildung, Besteuerung und Unterstellung unter den Plan - gelten sollen.

Nach wie vor umstritten sind die **Methoden für die Privatisierung** der dafür vorgesehenen Staatsunternehmen. Für die sogenannte "kleine Privatisierung" wurde neben dem Verkauf an bisherige Beschäftigte dieser Betriebe die Versteigerung favorisiert. Gegen den Verkauf an bisherige Angestellte wird aber ins Feld geführt, daß diese wohl meist nicht über die notwendigen Mittel zum Kauf verfügen, so daß der Staat im Falle der Versteigerung höhere Preise erzielen könnte. Dagegen wird eingewandt, daß man Unruhen in den Belegschaften der zu privatisierenden Betriebe riskiere, wenn die Angestellten nicht vorrangig die Chance eingeräumt bekämen, "ihre" Betriebe zu erwerben. Bisher ohne Ergebnis wird auch die Frage diskutiert, ob es Auslandsalbanern erlaubt sein soll, bei Versteigerungen mitzubieten. Die Befürworter solcher offenen Auktionen argumentieren, daß man die Auslandsalbaner nicht diskriminieren dürfe, zumal diese über Devisenkapital und Management-Know-how verfügen, welches das Land dringend benötigt. Dem wird entgegengehalten, daß im Falle der Zulassung der Auslandsalbaner zu den Auktionen zu befürchten sei, daß die Einheimischen und insbesondere die Angestellten nicht zum Zuge kämen, was ungerecht wäre und böses Blut machen würde.

Bezüglich der Methode und des Tempos der sogenannten "großen Privatisierung" gelangte man offenbar zu einem gewissen Konsens darüber, daß man die zu privatisierenden Unternehmen zu einem späteren Zeitpunkt zunächst in Aktiengesellschaften umwandeln solle, um dann die Aktien - entweder ganz oder zum Teil kostenlos - an die Belegschaften oder die gesamte Bevölkerung abzugeben. Offen blieb, ob und gegebenenfalls in welchem Umfang der Staat Anteile an den Aktienpaketen der Firmen in seinem Portefeuille behalten müsse, um nach wie vor eine gewisse Kontrolle über diese Unternehmen ausüben zu können.

Einig ist man sich, daß beim Entstehen eines Privatsektors und damit für die Herausbildung von Wettbewerb ausländischen Investitionen eine wichtige Rolle zukomme. Deshalb wurde die Zulassung von Direktinvestitionen von Auslandsalbanern und von Angehörigen anderer Nationalitäten auch ohne inländische Beteiligung nachhaltig empfohlen. Wie oben geschildert, fand diese Empfehlung in dem Dekret über die Zulassung von Privateigentum vom 12. März 1991 insofern ihren Niederschlag, als - wie Artikel 8 vermuten läßt - dieses Dekret offenbar auch für ausländische Privatunternehmen Geltung haben soll, obgleich dies nicht ausdrücklich gesagt wird.

(2) Die Freigabe der Preise und Löhne

Die Reformkommission und die genannten Vertreter aus
dem Bereich der Wirtschaftswissenschaft sowie die
damalige Regierung Nano waren und sind der Überzeugung,
daß eine rasche Liberalisierung der Preise aus sozialen
Gründen **nicht durchführbar** ist. Dies würde zu beschleu-
nigter Inflation und zu sozialen Unruhen führen, die
unabsehbare Folgen für die politische Stabilität des
Landes haben könnten.

Folgerichtig entwickelte man Vorstellungen für eine
schrittweise Veränderung des gegenwärtigen Preissystems
bis hin zu einer weitgehenden Freigabe der Preise. Nach
diesen Vorstellungen sollen durch Abschaffung der Sub-
ventionen die **Preise der Staatsunternehmen** so verändert
werden, daß sie die Produktionskosten, einschließlich
eines Gewinnaufschlags, decken. Diese Preisreform könne, so wurde argumentiert, nur in kleinen Schritten erfolgen und müsse von entsprechenden Lohnerhöhungen begleitet werden. Genaueres über die zeitlichen Vorstellungen für die einzelnen Schritte war i.d.R. nicht in
Erfahrung zu bringen. Lediglich Professor Mara machte
hier konkrete Angaben; er glaubt, daß die Übergangsphase 2-3 Jahre dauern wird.

Auch im **Privatsektor** - so wurde argumentiert - könne
der Grundsatz der freien Preisbildung nicht sofort un-
eingeschränkt umgesetzt werden. Bezüglich der "lebens-
notwendigen Güterkategorien" müsse sich der Staat noch
für einige Zeit das Recht vorbehalten, die Preise festzusetzen und zu kontrollieren. Darüber hinaus müsse er
auch später noch im Interesse der Konsumenten die Möglichkeit haben, Höchstpreise festzusetzen, ebenso wie
es im Interesse von wettbewerbsschwachen Produzenten in
einigen Fällen Mindestpreise geben müsse. In den Berei-

chen, in denen schon jetzt wenigstens potentiell Wettbewerbsverhältnisse gegeben seien, könne man sofort mit
der Liberalisierung der Preise beginnen. Das Tempo der
Preisfreigabe hänge von vielen Faktoren ab - vor allem
auch von den Fortschritten des Systemumbaus -, so daß
es unmöglich sei, bereits heute einen Zeitplan dafür
aufzustellen.

Im Falle eines allgemeinen Preisniveauanstiegs infolge
der schrittweisen Preisliberalisierung müsse es die Inflation kompensierende Lohnerhöhungen (sic!) geben. Im
übrigen müsse die Liberalisierung der Preise begleitet
sein von Maßnahmen zur Stärkung und zum Schutze des
Wettbewerbs. Längerfristig müsse die Liberalisierung
der Preise mit einer Liberalisierung der Löhne einhergehen.

(3) Reform des Bankensystems

Dringend empfohlen wird die Schaffung eines **zweistufi-
gen Bankensystems**. Die Unabhängigkeit der Zentralbank
von den Planungsbehörden und der Regierung müsse
gesetzlich verankert werden. Das Parlament soll die
Aufsicht über die Zentralbank ausüben. Die Zentralbank
soll den Geldumlauf durch geldpolitische Instrumente
- gedacht ist offenbar an Diskont- und Mindestreser-
vepolitik - regulieren. Die Reformkommission konnte
sich offenbar nicht auf Empfehlungen zur Schaffung der
Voraussetzungen für das Entstehen eines Geld- und Kapi-
talmarktes einigen. Ob und wie dies möglich wäre, soll
eine spezielle Untersuchung klären, die von ihr in Auf-
trag gegeben werden sollte.

Die Herausbildung eines Geschäftsbankensystems erhofft
man sich von einer entsprechenden Umgestaltung der
bestehenden Außenwirtschafts- und Landwirtschaftsbank

sowie der Sparbanken. Letztere sollen künftig die Einlagen verzinsen und langfristige Kredite an die Bürger vergeben. Darüber hinaus rechnet man mit der Niederlassung ausländischer Banken in Form von Joint Ventures.

(4) Die Umgestaltung der Staatsfinanzen

Die Budgetpolitik müsse auf einen Budgetausgleich hin ausgerichtet und von der staatlichen Planung unabhängig gemacht werden. Empfohlen wird der Aufbau eines Steuersystems, das - außer auf das Ziel der Einnahmeerzielung - auf die Ziele Verringerung der Inflation, Umverteilung von Einkommen und Förderung des Kapitalimports ausgerichtet sein müsse, ohne daß auch nur angedeutet wird, wie dieses Steuersystem konkret ausgestaltet werden soll und welche Ziele im Falle von Zielkonflikten Priorität haben sollen. Hier wird deutlich, daß es in Albanien an Finanzwissenschaftlern fehlt, die wenigstens den Versuch machen könnten, ein rationales Steuersystem zu konzipieren.

(5) Die Liberalisierung der Außenwirtschaftsbeziehungen und die Währungspolitik

Der Lek soll zu einer harten, das heißt voll konvertierbaren Währung werden. Im Zuge der Liberalisierung der Außenwirtschaftsbeziehungen soll das Außenhandelsmonopol des Staates durch ein neues Lizensierungsverfahren für Ex- und Importgeschäfte ersetzt werden. Ob ein solches Genehmigungssystem auf Dauer oder nur für eine gewisse Übergangzeit bis zur Lösung der akuten Devisenprobleme des Landes Geltung haben soll, war nicht eindeutig zu klären - auch nicht, inwieweit Privatunternehmen und Unternehmen mit ausländischer Beteiligung davon betroffen sein sollen. Das neu zu schaffende Zollsystem soll den Bestimmungen des GATT und an-

157

derer internationaler Organisationen entsprechen, denen
beizutreten empfohlen wird, gleichzeitig aber auch die
einheimischen Produzenten vor übermächtiger ausländischer Konkurrenz schützen.

Auch in diesem Bereich kann man also schwerlich von
einem Konzept für die Bewältigung der anstehenden Aufgaben sprechen, zumal angesichts der gegenwärtigen Krise und der dadurch rapide wachsenden Verschuldung die
Lösung der bei der Eingliederung Albaniens in das Welt-
wirtschaftssystem anfallenden Probleme sehr schwierig
sein wird.

(6) Schaffung eines Systems der sozialen Sicherung

Nach Schätzungen beträgt die versteckte Arbeitslosigkeit in Albanien je nach Betrieb durchschnittlich
20-30 % der Erwerbstätigen. Man nimmt an, daß sie in
dem kleinbetrieblichen Sektor, der zuerst zur Privatisierung ansteht, noch weitaus höher ist. Bisher sind in
diesem Sektor etwa 20 % der Erwerbstätigen beschäftigt;
nach der Privatisierung, so vermutet man, werden nur
etwa die Hälfte der gegenwärtig in diesem Bereich Beschäftigten ihren Arbeitsplatz behalten können.

Um die im Zuge der Privatisierung und des Übergangs
zur Marktwirtschaft unvermeidliche Arbeitslosigkeit zu
bekämpfen, wird vorgeschlagen, daß der Staat neue
Arbeitsplätze schaffen müsse (!). Auch von dem neu entstehenden Privatsektor und den Joint Ventures und Direktinvestitionen erwartet man sich die Schaffung neuer
Arbeitsplätze. Schließlich wird empfohlen, der albanischen Bevölkerung zu erlauben, als Gastarbeiter im Ausland tätig zu werden. Davon erwartet man sich nicht nur
eine Linderung des Problems der Arbeitslosigkeit, son-[74]
dern auch einen Devisenzustrom.

Arbeitslose sollen - offensichtlich unbefristet - 80 %
ihrer früheren Löhne weitergezahlt bekommen - ein Vorschlag, der bereits umgesetzt worden ist. Offen ist die
Finanzierung dieser Leistungen; wenn mit dem Budgetausgleich ernst gemacht werden soll, ist nicht zu sehen,
woher die Mittel für diese großzügige Absicherung der
Arbeitslosen genommen werden könnten.

Als weitere Felder der Sozialpolitik werden genannt:
die Gesundheitsfürsorge, Maßnahmen zur Förderung des
Wohnungsbaus und zur Modernisierung und Instandsetzung
des Wohnungsbestandes sowie Maßnahmen zum Schutz
der Bezieher von Renten und niedrigen Einkommen vor
den Folgen inflationsbedingt steigender Lebenshaltungs-
kosten - ohne im einzelnen darzulegen, mit welchen
sozialpolitischen Instrumenten diese Ziele realisiert
werden sollen.

(7) Die Umgestaltung der Verwaltung und des Wirtschaftsma-
nagements

Gefordert wird schließlich eine Restrukturierung und
Straffung der Staatsverwaltung und eine Verbesserung
ihrer Effizienz. Eine Umgestaltung der Strukturen der
zentralen Planungs- und Leitungsbürokratie sei notwendig, damit die Verwaltung die wirtschaftspolitischen
Aufgaben in der künftigen Marktwirtschaft wirksam erfüllen könne. Die Managementqualifikationen in Verwaltung und Staatswirtschaft sollen durch Qualifizierungs-
maßnahmen den Erfordernissen einer Marktwirtschaft und
der Zusammenarbeit mit dem Ausland angepaßt werden.

Bei alledem handelt es sich offenbar mehr um eine erste
Beschreibung der während des Transformationsprozesses zu
lösenden Aufgaben als um ein **Konzept** für die Transformation
selbst. Allerdings enthält dieser Sieben-Punkte-Katalog

durchaus auch konzeptionelle Elemente; er gibt der **Privatisierung** eine gewisse Priorität vor der Schaffung **marktwirtschaftlicher Rahmenbedingungen** im makroökonomischen Bereich
und enthält ein eindeutiges Bekenntnis zum **Gradualismus** als
Tansformationsstrategie. Viele Einzelfragen hinsichtlich
des **Zeitbedarfs** und der **zeitlichen Abfolge** sowie der kon-
kreten Ausgestaltung der meisten vorgeschlagenen Maßnahmen
bleiben allerdings offen.

b. Die Ideen für den Systemumbau im Lager der Demokraten

Die bisherige demokratische Opposition, die mit Gramoz
Pashko, einem Wirtschaftsprofessor, seit Anfang Mai den
neuen Wirtschaftsminister und stellvertretenden Ministerpräsidenten stellt, hatte nach Pashkos eigener Aussage bisher nicht die Möglichkeit, ein eigenes Transformationskonzept zu entwickeln. Sie sah dazu auch keine Notwendigkeit,
weil sie nicht damit rechnete, so rasch politische Verantwortung übernehmen zu müssen.

Ein Teil der von den Demokraten früher geforderten Maßnahmen,[75] wie z.B. die Schaffung gesetzlicher Regelungen, die
Privateigentum erlauben und schützen, und die Einleitung
der kleinen Privatisierung, wurden zudem noch von der Regierung Nano umgesetzt.

Es scheint jedoch, daß hinsichtlich des Tempos der Transformation, also in der Frage eines raschen oder allmähli-
chen Übergangs zur Marktwirtschaft, die Demokraten weit
radikalere Vorstellungen haben, als sie im sozialistischen
Lager anzutreffen sind. Schon im April betonte Gramoz
Pashko gegenüber dem Verfasser, daß eine **schnelle und radikale Transformation** des Wirtschaftssystems notwendig sei.
Pashko macht sich keine Illusionen darüber, daß sich die
Marktwirtschaft nicht mit einem Federstrich einführen läßt

und daß die notwendigen rechtlichen und institutionellen Veränderungen und die unvermeidlichen Anpassungsprozesse Jahre dauern werden. Doch er sieht sehr deutlich die Gefahr, daß der Versuch, die Umgestaltung aus Furcht vor den unvermeidlichen sozialen Folgen über Jahre auszudehnen, die Umgestaltung scheitern lassen wird.

Pashko setzt auf **ausländische Hilfe** während des Übergangsprozesses. Der psychologische Effekt dieser Hilfe sei wichtiger als der zu erwartende reale. Solche psychologischen Effekte ließen sich schon mit einem relativ geringen Volumen an ausländischer Hilfe erzielen, weil der Entwicklungsstand des Landes außerordentlich niedrig und seine Bevölkerungszahl relativ gering sei - also schon mit relativ bescheidener Auslandshilfe spürbare Verbesserungen erreicht werden könnten. Die von der Hilfe des Auslands für Albanien ausgehenden Signale könnten die Akzeptanz des unvermeidlich schwierigen und langfristigen Transformationsprozesses sicherstellen und die Bevölkerung mehr und mehr für das neue System mobilisieren.

Im Gegensatz zum Regierungslager sieht Pashko in der sozialen Sicherung der Bevölkerung - insbesondere der während des Übergangsprozesses unvermeidlichen Arbeitslosen - kein unlösbares Problem, obwohl es bisher noch kein entsprechendes System gibt. Seiner Meinung nach kann die Unterstützung der Arbeitslosen wie bisher aus dem Staatsbudget erfolgen, aus dem ja auch gegenwärtig die versteckten Arbeitslosen finanziert werden.

Diese noch als Angehöriger der Opposition geäußerten Auffassungen hat Pashko als neuer Wirtschaftsminister nicht revidiert. Unmittelbar nach seiner Amtsübernahme erklärte er, daß es zu raschen und einschneidenden Veränderungen kommen müsse. Das Land sei in einer so tiefen Krise, daß die Bevölkerung den aus radikalen Maßnahmen resultierenden

Schock wohl kaum noch als einen solchen empfinden würde.
Man müsse unrentable Betriebe allein schon deshalb sehr
schnell schließen, weil diese Material und Energie verbrau-
chen, die an anderer Stelle dringend benötigt werden. Nach
Pashko bietet somit **die Schwere** der **gegenwärtigen Krise**
die Chance für rasche Veränderungen und **spürbare Verbesserungen.**

3. Probleme und Erfolgsaussichten der albanischen Transfor-
mationspolitik

Albanien ist eines der letzten ehemals sozialistischen Länder, das den Weg zur Marktwirtschaft eingeschlagen hat. Die
Reformgesetze des Jahres 1990 zielten - wie gesagt - noch
nicht auf die spätere Einführung der Marktwirtschaft ab.
Sie sollten das bestehende System effektiver machen. Nach
aller Erfahrung mit ähnlichen Reformmaßnahmen in anderen
sozialistischen Ländern war von ihnen von vornherein nicht
mehr zu erwarten als bestenfalls eine marginale Korrektur
der Ineffizienz der sozialistischen Planwirtschaft. Die
volle Etablierung des anvisierten Perestrojka-Systems hätte
auch in Albanien mittelfristig zu ähnlich chaotischen Ver-
hältnissen geführt wie in der Sowjetunion. Die gegenwärtige
Krise wäre zur Dauerkrise geworden.

Mit der erst unter Fatos Nano Ende Februar erfolgten neuen
politischen Weichenstellung, die zu dem einhelligen Eintreten aller politisch relevanten Kräfte für die **Abschaffung
des sozialistischen Wirtschaftssystems** und **die Einführung
der Marktwirtschaft** führte, ist in Albanien eine vollkommen
neue Situation entstanden. Daß es so rasch dahin kommen
könnte, war zu Jahresbeginn noch unvorstellbar. Die durch
die Wahl vom 31. März bestätigte Regierung Nano hat die
Transformation des Wirtschaftssystems in einem durchaus
beachtlichen Tempo begonnen. Die nach dem durch einen Generalstreik erzwungenen Rücktritt Nanos neu gebildete All-

parteienregierung der "nationalen Einheit" hat angekündigt, den Umgestaltungsprozeß beschleunigt voranzubringen. Somit erscheint es unwahrscheinlich, daß der einmal eingeschlagene Kurs zur Marktwirtschaft aufgegeben werden wird.

a. Die politische Gefährdung des Systemumbaus

Dennoch ist es - wie in allen ehemals sozialistischen Ländern - keineswegs sicher, daß Albanien der Übergang zur Marktwirtschaft und die Überwindung der akuten Wirtschaftskrise mittelfristig gelingen wird und daß dieses ärmste europäische Entwicklungsland endlich Anschluß an den Entwicklungsstand seiner unmittelbaren Nachbarn gewinnt.

Albaniens wirtschaftliche Zukunft wird weitgehend von seiner weiteren politischen Entwicklung abhängen. Denn eine wesentliche Voraussetzung für den Erfolg der Systemtransformation ist eine leidliche **Stabilität der politischen Verhältnisse.** Deren Herstellung und Erhaltung wird jedoch ihrerseits entscheidend davon abhängen, ob es gelingt, die Akzeptanz der notwendigen Veränderungen durch die Bevölkerung zu erreichen. Die Gefahr, daß Albanien in einen Teufelskreis von sich gegenseitig eskalierender politischer und wirtschaftlicher Instabilität hineingeraten könnte, ist also keineswegs gebannt.

Nach der Gründung der neuen **Allparteienregierung**, in der sogar diejenigen Parteien sitzen, die nicht im Parlament vertreten sind, sieht es auf den ersten Blick so aus, als seien die Albaner entschlossen, über die Parteigrenzen hinweg zum Zwecke der Überwindung der Krise zusammenzuarbeiten. Doch die neue Regierung der nationalen Einheit soll höchstens ein Jahr im Amt bleiben. Danach soll es Neuwahlen geben. Unter diesem Vorzeichen erscheint es eher unwahrscheinlich, daß es zu einer Gemeinsamkeit aller Reformkräfte kommen und daß ein rascher Durchbruch zur Marktwirtschaft erzielt werden wird. Wahrscheinlicher ist dagegen, daß es nach außen hin zu einem permanenten Wahlkampf und im Innern von Regierung und Verwaltung zu heftigen Macht- und Positionskämpfen kommen wird.

Obgleich die ehemals herrschenden Kommunisten und die ehemaligen Oppositionellen nun am Kabinettstisch zusammensitzen, darf man die Kluft zwischen den Sozialisten auf der einen und den Demokraten und den übrigen neuen Parteien und Gruppierungen auf der anderen Seite nicht unterschätzen. Diese besteht in wesentlichen Grundsatzfragen - insbesondere der Bodenfrage und der Frage des Tempos der Umgestaltung des Wirtschaftssystems - sowie in persönlichen Animositäten und Verletzungen, die aus der Zeit der Unterdrückung und aus den Diffamierungen während des vergangenen Wahlkampfes resultieren. Entscheidender noch dürfte sein, daß die Sozialisten, die den gesamten Apparat noch in der Hand haben, die Macht nicht kampflos abgeben werden, während die Demokraten die Chance auf die Eroberung der ganzen Macht wittern.

Damit besteht die Gefahr, daß bis zur Klärung der Machtfrage der Transformationsprozeß mehr oder weniger auf der Stelle treten wird, und daß die gegenwärtige Regierung vollauf damit beschäftigt sein wird, die inzwischen fast vollständig zum Stillstand gekommene Wirtschaft wieder in Gang zu bringen. Gleichzeitig jedoch ist die Bevölkerung außerordentlich ungeduldig. Sie ist nicht länger bereit, die permanente Verschlechterung ihrer Lebensverhältnisse hinzunehmen, ja sie will möglichst schnelle und spürbare Verbesserungen des Lebensstandards. Politiker, die gewählt werden wollen, sind in dieser Situation natürlich zwangsläufig versucht, uneinlösbare Versprechungen zu machen und notwendige, aber unpopuläre Maßnahmen zu unterlassen.

Zu alledem kommt hinzu, daß die Situation im Lande nach wie vor außerordentlich labil ist. Durch die vielfältigen Ereignisse der vergangenen Monate hat die Bevölkerung gelernt, daß die einstmals so starre und unnachgiebig zuschlagende Regierung durch Massenproteste und Streiks zu nahezu jedem Eingeständnis zu bewegen ist. Umgekehrt ist die Regierung - insbesondere durch die Schüsse von Shkrodra - verunsichert und unfähig, ihre Machtmittel einzusetzen.

Albanien befindet sich damit in einer ähnlichen Situation wie die Sowjetunion. Die wirtschaftliche Misere hat die Diktatur schließlich zusammenbrechen lassen; die Demokratie aber hat instabile politische Verhältnisse geschaffen, die die Einführung der Marktwirtschaft und die Durchführung von Maßnahmen zur Überwindung der Wirtschaftskrise erheblich erschweren könnten. Hinzu kommt, daß die politische Liberalisierung einen Autoritätsverfall des Staates mit sich gebracht hat, der sich auch in den Betrieben, in denen der Staat den Menschen als Arbeitgeber gegenübertritt, dahingehend auswirkt, daß die ohnehin schon geringe Arbeitsdisziplin weiter gesunken ist.

In dieser Situation wäre es verhängnisvoll, wenn der Transformationsprozeß bis zu den nächsten Wahlen - selbst wenn diese vor Jahresfrist stattfinden sollten - ins Stocken geraten würde. Die bisherigen Maßnahmen, so richtig sie zumindest teilweise gewesen sind, waren erst kleine erste Schritte. Sie haben eine Lage geschaffen, in der die Planung, Leitung und Lenkung im Staatssektor, der noch weit über 90 % der albanischen Wirtschaft ausmacht, nicht mehr funktioniert und in der die Bedingungen für eine Entfaltung des erst gerade im Entstehen begriffenen privaten Sektors alles andere als günstig sind.

b. Die Aufgaben der Transformationspolitik

Daraus folgt, daß auf die bisherigen ersten Reformschritte sehr rasch weitere Schritte folgen sollten.

- Die Bemühungen um die **Privatisierung** sollten verstärkt fortgesetzt werden. Sie müßten jedoch mehr als bisher Hand in Hand gehen mit der Schaffung der rechtlichen und institutionellen Rahmenbedingungen für die Marktwirtschaft; dazu zählen ein zweistufiges Bankensystem, rechtliche und organisatorische Voraussetzungen für Gütermärkte (freie Preise), ein Arbeitsmarkt (freie Löhne, Tarifvertragsrecht), Kredit- und Devisenmärkte (Zinsfreigabe, Devisenauktionen, Zulassung ausländischer Banken) und Rahmenbedingungen für Wettbewerb (Nicht-Diskriminierung privater Unternehmen, Liberalisierung des Außenhandels, Abschaffung aller Reglementierungen und Beschränkungen für die Staatsunternehmen, an den Privatsektor zu verkaufen, und für den Privatsektor, bei den Staatsunternehmen einzukaufen). Kurzum, die Privatisierung sollte durch umfassende **Deregulierungsmaßnahmen** ergänzt werden; darüber hinaus sollte man unverzüglich darangehen, eine **marktwirtschaftsgeeignete Rechtsordnung** (Unternehmensrecht, Tarifvertragsrecht, Konkursrecht, Wettbewerbsrecht, Arbeitsrecht, Steuerrecht usw. bis hin zum Schuld- und Erbrecht) aufzubauen und mit der Schaffung von Institutionen zu beginnen, ohne die die Marktwirtschaft auf Dauer nicht auskommen kann (Finanzverwaltung, Rechnungshöfe, Arbeits- und Finanzgerichtsbarkeit, Wettbewerbsbehörde).

- Was die Privatisierungspolitik betrifft, erscheint es zweckmäßig, daß solche **Privatisierungsmethoden** gewählt werden, die eine möglichst rasche Privatisierung möglichst vieler Betriebe erlauben und dabei gleichzeitig eine rasche Steigerung der Effizienz der privatisierten Betriebe garantieren. Das heißt, daß die Ziele **Effizienz-**

verbesserung und **hohes Privatisierungstempo** Vorrang haben sollten vor der Absicht, einen möglichst hohen Kaufpreis zu erzielen, und vor Gerechtigkeitserwägungen sowie Bedenken gegenüber dem Verkauf an Auslandsalbaner oder Ausländer.

Da sich die Gewerkschaften gegen die Versteigerung der Staatsunternehmen wenden, wird gegenwärtig der Verkauf an Arbeitnehmer der Betriebe als Privatisierungsmethode favorisiert. Diese hat jedoch den Nachteil, daß in- und ausländische potentielle Investoren mit Zugang zu Kapital, Märkten und neuer Technologie sowie erfahrenem Management als mögliche Käufer ausscheiden. Zudem erscheint dieses Verfahren kaum gerechter als andere denkbare Privatisierungsmethoden, weil die Arbeitnehmer nur ihren eigenen und keinen anderen Betrieb kaufen können und damit nicht die Chance haben, ihre Ersparnisse dort einzusetzen, wo sie sich die größten Gewinnchancen erhoffen. Vor allem ist zu bezweifeln, daß auf diesem Weg die Privatisierung rasch genug vorangebracht werden kann. Unter letzterem Aspekt wäre es durchaus zu überlegen, ob dann nicht eher die kostenlose Überlassung einzelner Betriebe an Interessenten mit einschlägigem Know-how vorzuziehen wäre.

Bisher sind die Zuständigkeiten für die Privatisierung nicht klar genug abgegrenzt. Zwar ist das Wirtschaftsministerium bei der Durchführung der Privatisierung federführend, doch die Branchenministerien müssen die zu privatisierenden Unternehmen vorschlagen, und das Finanzministerium ist für Bewertungsfragen zuständig. Hier erscheinen organisatorische Veränderungen dringend geboten. Möglicherweise könnte Albanien von den Erfahrungen anderer ehemaliger sozialistischer Länder profitieren. Das Land ist jedoch praktisch noch so sehr isoliert, daß seine führenden Wirtschaftswissenschaftler und Wirtschaftspolitiker bisher noch kaum Gelegenheit hatten – aus sprachlichen Gründen, mangels finanzieller Mittel für Reisen und Literatur sowie aufgrund der Schwierigkeit, ein Visum zu bekommen –, sich eingehend mit den Privatisierungserfahrungen anderer ehemaliger sozialistischer Länder vertraut zu machen.

– Da es – unabhängig davon, wie die Entscheidung bezüglich des Umfangs, in dem die albanische Wirtschaft privatisiert werden bzw. im Staatseigentum verbleiben soll, ausfallen wird – unvermeidbar sein wird, daß Albaniens Wirtschaft auf längere Sicht überwiegend im Staatseigentum verbleiben wird, sollten umgehend einschneidende Maßnahmen zur **Verselbständigung der Staatsunternehmen**, zu ihrer teilweisen Entflechtung und Unterwerfung unter harte Budgetrestriktionen eingeleitet werden.

– Um die Akzeptanz des Transformationsprozesses zu verbessern, sollte die albanische Regierung umgehend darangehen, **ein System der sozialen Sicherung, der Vermittlung von Arbeitslosen, Umschulungsprogramme** und dergleichen zu entwickeln.

Da in der gegenwärtigen Krisensituation die Regierung zwangsläufig primär damit beschäftigt sein wird, die Krisenfolgen für die Bevölkerung zu mildern, sich um Nahrungsmittel- und andere Hilfe aus dem Ausland zu bemühen, ein Schuldenmoratorium auszuhandeln und die Mitgliedschaft in internationalen Organisationen anzustreben, wäre es überoptimistisch anzunehmen, daß die hier skizzierten Aufgaben binnen eines Jahres, also bis zu dem vorgesehenen Wahltermin, in Angriff genommen oder auch nur teilweise zum Abschluß gebracht werden können.

Dennoch kann kein Zweifel daran bestehen, daß jede weitere Verzögerung der erforderlichen Umbaumaßnahmen die Probleme des Landes verschärfen wird. Die vieldiskutierte Frage, **Schocktherapie oder schrittweises Vorgehen**, stellt sich in dieser Form gar nicht. Vielmehr geht es darum, ob die verantwortlichen Politiker den Mut aufbringen werden, den Umgestaltungsprozeß auf breiter Front **sofort** in Angriff zu nehmen, oder ob sie aus Furcht vor der Reaktion der Bevölkerung vor einschneidenden Maßnahmen zurückschrecken und sich hinter dem Argument verschanzen, man könne nur schrittweise vorgehen, und so die Umgestaltung **verzögern**.

Zweifellos kann man nur schrittweise vorankommen, aber man sollte dabei so rasch voranschreiten, wie dies die beschränkte Kapazität der Regierungsbürokratie erlaubt. Eine absichtliche Verzögerung des Transformationsprozesses wird dessen soziale Kosten eher erhöhen als verringern und damit den Erfolg des ganzen Unternehmens gefährden. Die Minimierung der sozialen Kosten des Transformationsprozesses und vor allem die Sicherstellung seiner Akzeptanz in der Bevölkerung erscheint am ehesten erreichbar, wenn der Umbau des Wirtschaftssystems in einer **möglichsten kurzen Zeitspanne** versucht wird. Das schließt nicht aus, daß entsprechende kompensierende Maßnahmen zur **zeitlichen Verteilung der sozialen Kosten** – z.B. zur Verhinderung von Massenarbeitslosigkeit in einem relativ kurzen Zeitraum – ergriffen werden.

Die nicht nur in Albanien anzutreffende Vorstellung, man solle der **Sanierung** der Volkswirtschaft Priorität gegenüber dem **Systemumbau** einräumen, um den Übergang zur Marktwirtschaft dann unter günstigeren Bedingungen vollziehen zu können, ist eine Illusion. Denn in der Interimsphase, in der das sozialistische Kommandosystem nicht mehr und das marktwirtschaftliche System noch nicht funktioniert, dürfte eine nachhaltige Verbesserung der Situation kaum erreichbar sein.

Mit der Einführung der Marktwirtschaft durch die Schaffung marktwirtschaftlicher Rahmenbedingungen und der Liberalisierung der Preise, Löhne und der Außenwirtschaft wird die Krise noch nicht überwunden sein. Der Übergang zur Marktwirtschaft – das heißt die Herstellung von Bedingungen, unter denen sich Güter-, Arbeits- und Kapitalmärkte entfalten können – stellt jedoch die Voraussetzung dafür dar, daß die Sanierung in Gang kommen kann. Jede Verzögerung bei der Einführung der Marktwirtschaft bedeutet daher die längere Inkaufnahme der Dysfunktionalität der nach der nur teilweisen Beseitigung des sozialistischen Kommandosystems bestehenden chaotischen Verhältnisse.

c. Alternative Transformationsszenarien

Vor dem Hintergrund der voranstehenden Überlegungen läßt sich darüber spekulieren, welche Entwicklung Albanien in der Zukunft nehmen könnte. Dabei ist es zweckmäßig, vom günstigsten denkbaren Fall auszugehen, um deutlich zu machen, welche Probleme sich einstellen werden, wenn die für diesen günstigsten Fall gesetzten Prämissen nicht eintreten werden.

- Im **denkbar günstigsten Fall** gelingt es schon der Regierung der nationalen Einheit, die politischen Verhältnisse so zu stabilisieren, daß sich die Bevölkerung im Falle einer beschleunigten Inflation und zunehmender Arbeitslosigkeit und sozialer Unsicherheit einigermaßen ruhig verhält. Setzt man ferner voraus, daß diese Regierung in der Lage sein wird, sich auf ein praktikables Transformationskonzept zu einigen und zügig daranzugehen, die alten Strukturen zu beseitigen, die rechtlichen Voraussetzungen

für die Einführung der Marktwirtschaft in relativ kurzer
Zeit zu schaffen und diese noch vor dem nächsten Wahltermin in Kraft zu setzen, dann könnte sich die wirtschaftliche Lage des Landes noch in der ersten Hälfte dieses
Jahrzehnts merklich verbessern.

- Dieser günstigste Fall ist zweifellos nicht der
wahrscheinlichste. Eher wahrscheinlich ist es, daß die
politische Stabilisierung erst nach den nächsten Wahlen
erreicht werden und erst dann der Systemumbau zügig vorangebracht werden kann. Auch dies mag noch ein reichlich
optimistisches Szenarium sein. Man könnte es vielleicht
als den **günstigsten Fall bezeichnen, der realistischer-
weise erwartet werden kann**, wenn man unterstellt, daß
Albanien in zunehmendem Maße von Europa, Amerika und den
internationalen Organisationen technische und Kapitalhil-
fe bekommen wird, um die aus der Verschuldung des Landes
resultierenden Probleme zu lösen, den Transformationsprozeß sozialpolitisch abzufedern und - durch wirtschaftspo-
litische Beratung - Fehler bei der Schaffung marktwirtschaftlicher Rahmenbedingungen und Institutionenstruktu-
ren zu vermeiden.

Am besten wäre dies zweifellos erreichbar, wenn Albanien
die Mitgliedschaft in der Europäischen Gemeinschaft an-
streben würde. Einer solchen steht jedoch das relativ geringe Interesse der EG entgegen, sich mit einer vollkommen unterentwickelten Region, die auf Jahre hinaus subventioniert werden müßte, ohne den europäischen Ländern
einen nennenswerten Absatzmarkt zu bieten, zu belasten.
Von seiten Albaniens würde einer solchen Mitgliedschaft
- trotz der jahrzehntelangen Betonung der eigenen Souve-
ränität und Unabhängigkeit - wohl schon heute kaum mehr
etwas im Wege stehen. Denn gerade die jüngere Generation
der albanischen Intellektuellen scheint begierig, den
Anschluß an Europa, das heißt nicht nur an seinen Wohl-

stand, sondern auch an seine demokratische Tradition und
seine Kultur, zu finden. Vieles wird sicher davon abhängen, wie sich die Situation auf dem Balkan - insbesondere
hinsichtlich des auseinanderstrebenden Jugoslawien - entwickeln wird.

- Gelingt es Albanien nicht, die politische Stabilität her-
  zustellen, gebärden sich die Gewerkschaften künftig noch
  mehr als eine Art Nebenregierung, die durch Besitzstands-
  wahrung notwendige Veränderungen verhindert, leisten die
  alten Strukturen wirksamen Widerstand gegen den Systemumbau, gelingt es nicht, eine Mehrheit in der Bevölkerung
  davon zu überzeugen, daß eine bessere Zukunft enorme
  Opfer verlangt und daß eine nachhaltige Verbesserung des
  Lebensstandards nicht sofort erreichbar ist - dann droht
  Albanien eine längere Phase der Orientierungslosigkeit,
  der politischen Wirren und der permanenten Wirtschaftskrise, die mit der gegenwärtigen Situation in der Sowjetunion vergleichbar ist.

Ohne massive ausländische Hilfe - sowohl bilateral als
auch gemeinsam von seiten der Europäischen Gemeinschaft -
erscheint leider das pessimistische Szenarium als das wahrscheinlichste, ja es könnte sogar schlimmer kommen. Da es
aber nicht im Interesse Europas liegen kann, daß Albanien
eine Armutsinsel und ein Unruheherd unmittelbar vor der
Tür des westeuropäischen Wohlstandes bliebe, mag das Land
der Skipetaren eine Chance haben, mit Unterstützung des
Auslands in absehbarer Zeit den späten Anschluß an die europäische Entwicklung zu finden.

Anmerkungen

1 Vgl. Werner GUMPEL: Die Industrialisierungspolitik
Albaniens, in: Südosteuropa, 40 Jg. (1991), H. 1,
S. 40-48; diese Beschreibung des Industrialisierungs-
grads Albaniens bezieht sich allerdings auf das Jahr
1937, doch dürften in den 10 Jahren bis 1946, als die
Volksrepublik ausgerufen wurde, wegen der Kriegsereig-
nisse keine nennenswerten Betriebe hinzugekommen sein.
Eher ist anzunehmen, daß einige der 1937 bestehenden
Industriebetriebe durch den Krieg zu Schaden kamen.
2 Vgl. Kozma SKARÇO: L'agriculture en RPS d'Albanie,
Tirana 1984, S. 7 f.
3 Vgl. Werner GUMPEL, a.a.O. (Anm. 1), S. 41; ausführli-
cher zur Kollektivierung: Andreas WILDERMUTH: Die Krise
der albanischen Landwirtschaft, Neuried 1989, S. 6 f.
4 Vgl. ebenda, S. 8.
5 So Professor Hasan BANJA, Direktor des Wirtschaftsforschungsinstituts bei der staatlichen Plankommission
(seit Mai dieses Jahres heißt dieses Institut nur noch
Instituti i Studimeve Ekonomike, also schlicht Wirtschaftsforschungsinstitut), im Gespräch mit dem Verfasser.
6 Das heißt nicht, daß das Land gänzlich autark werden
wollte. Angestrebt wurde jedoch eine so weitgehende Unabhängigkeit vom Ausland (besonders in der Nahrungsmit-
telproduktion), daß man nicht Gefahr laufen würde, aus
wirtschaftlichen Gründen politisch erpreßbar zu werden.
7 Vgl. Hekuran MARA: Errungenschaften und Entwick-
lungsperspektiven der Wirtschaft der SVR Albanien,
in: Südosteuropa-Mitteilungen, 28. Jg. (1988), H. 2,
S. 103-113, S. 107 ff.
8 Vgl. Adi SCHNYTZER: The Impact of the Sino-Albanian
Split on the Albanian Economy, in: East European Eco-
nomic Assessment, Part 1 / Country Studies, 1980,
Washington 1981, S. 619-649, S. 647.
9 Vgl. Klaus LANGE: Aspekte der albanischen Wirt-
schaftsentwicklung, in: Südosteuropa, 36. Jg. (1987),
H. 11/12, S. 698-708, S. 699 f.
10 Diese Aussage machten der Dekan der ökonomischen Fakultät der Universität Tirana, Professor Dr. Edmond LUCI,
sowie Professor Hasan Banja und Professor Hekuran Mara.
Die Tabelle 1.1 vermittelt ein leicht positiveres
Bild, während die Tabelle 1.2, die Angaben für 1990
enthält, deutlich macht, daß die Entwicklung Albaniens
in den 80er Jahren zumindest stagnierte und sich 1990
krisenhaft zuspitzte.
11 Vgl. Werner GUMPEL, a.a.O. (Anm. 1), S. 46.
12 Die Anteilswerte und die Wachstumsraten wurden aus diesen Zahlen vom Verfasser errechnet, ebenso die Arbeitsproduktivität und das Pro-Kopf-Einkommen.

13 Vgl. E. Ulrich CICHY, Dieter LÖSCH: Der Sozialismus bleibt – die Entwicklung stagniert, in: Klaus BOLZ (Hrsg.): Die Wirtschaft der osteuropäischen Länder an der Wende zu den 90er Jahren, Hamburg 1990, S. 372-409, S. 385 ff.

14 Die gleichen Raten nannte Ministerpräsident Fatos Nano in seiner Regierungserklärung vom 10. Mai 1991.

15 Vgl. hierzu die Wachstumsraten für 1990 in der Industrieproduktion in Tabelle 11 sowie das Negativwachstum des albanischen Nettoprodukts von 13,1 % von 1989 auf 1990 in Tabelle 1.2.

16 Die Zahl der Beschäftigten nahm in der Landwirtschaft von 1980-1989 um 148.000 zu, in der Industrie dagegen nur um 87.000.

17 Statistical Yearbook of P.S.R. of Albania, Tirana 1990, Tabelle 90, S. 100.

18 Berechnet aus den Tabellen 29 und 33, S. 41 und 45 des Statistical Yearbook 1990.

19 Diese Angaben beruhen auf mündlichen Informationen.

20 Vgl. Statistical Yearbook of P.S.R. of Albania 1990, Tabellen 34 und 35, S. 46 und 47.

21 Vgl. ebenda, Tabelle 36, S. 48.

22 Vgl. ebenda, Tabelle 38, S. 50.

23 Vgl. ebenda, Tabelle 66, S. 82.

24 Berechnet nach Tabelle 66, S. 82 des Statistical Yearbook of P.S.R. of Albania 1990.

25 Vgl. Statistical Yearbook of P.S.R. of Albania 1990, Tabelle 67, S. 83, Zeile 1.

26 Berechnet aus Tabelle 67, S. 83 des Statistical Yearbook of P.S.R. of Albania 1990 und Zeile 7 in Tabelle 6.

27 Berechnet aus Tabelle 69, S. 85 des Statistical Yearbook 1990 und Zeile 7 in Tabelle 6.

28 Berechnet aus Tabelle 70, S. 86 des Statistical Yearbook 1990.

29 Berechnet nach Tabelle 69, S. 85 des Statistical Yearbook 1990.

30 Vgl. Statistical Yearbook 1990, Tabelle 146, S. 155-157.

31 Vgl. Statistical Yearbook 1990, Tabelle 73, S. 88.

32 Vgl. World Development Report 1990, Tabelle 3, S. 182/83. Man beachte, daß die dortige Abgrenzung nach Landwirtschaft, Industrie und Dienstleistungen nicht der nach Primär-, Sekundär- und Tertiärsektor entspricht!

33 Allerdings in Industrien mit hoher Kapitalproduktivität – vermutlich also nicht in der Schwerindustrie, die bei sehr hohem Kapitaleinsatz weitgehend unrentabel arbeitet!

34 Die Angabe für Albanien errechnet sich aus der Bruttoinvestition (Tabelle 9.2., Zeile C) und der Bevölkerungszahl aus Tabelle 6. Die Angaben für Deutschland

und Japan stammen aus: iwd, Informationsdienst des Instituts der deutschen Wirtschaft, Jg. 17 (1991), Nr. 21, S. 1.

35 Zeile 1 der Tabelle 10.2. dividiert durch Zeile (C) der Tabelle 9.2..

36 Vgl. Statistical Yearbook of P.S.R. of Albania 1990, Tabelle 80, S. 93.

37 Fatos Nano sprach in seiner Regierungserklärung am 10.5.1991 von ca. 90 Mrd!

38 So der Minister für Außenhandel in einem Referat in der Türkei, Anfang April 1991.

39 Dieses Papier, datierend vom 19.2.1991, wurde dem Verfasser von einem Angehörigen dieser Reformkommission überlassen.

40 Vgl. Andreas WILDERMUTH, a.a.O. (Anm. 2), S. 51 ff.

41 Vgl. Nachrichten für Außenhandel vom 28.9.1989, S. 1.

42 Vgl. Louis ZANGA: Albania Makes Overture to Superpowers, in: Report on Eastern Europe, Vol. 1, No. 9, vom 11. Mai 1990.

43 Vgl. derselbe: Changes in the "Last Bastion", in: Report on Eastern Europe, Vol. 1, No. 21, vom 25. Mai 1990.

44 Beschlüsse, Dekrete und Gesetze unterscheiden sich nach der Art der Entstehung des materiellen Rechts. Hinsichtlich ihrer Geltung sind sie gleichrangig. Beschlüsse erläßt der Ministerrat, Dekrete oder Erlasse werden von Ministerien bzw. vom Präsidium der Volksversammlung dekretiert und Gesetze vom Parlament förmlich verabschiedet.

45 Der Liberalisierungsprozeß vollzieht sich allerdings gegenwärtig so schnell, daß die Veränderung der gesetzlichen Rahmenbedingungen nicht Schritt hält; so ist die Regierung offenbar bereit, ausländische Direktinvestitionen auch ohne Beteiligung einer albanischen juristischen oder natürlichen Person zuzulassen, obgleich dafür die rechtlichen Grundlagen noch fehlen – es sei denn, man entnimmt der Erwähnung ausländischer Personen in Artikel 8 des Dekrets Nr. 7476 vom 12.3.1991, daß ausländische Unternehmen zulässig sind und nach genau denselben Regeln behandelt werden wie inländische Privatunternehmen.

46 Dekret Nr. 7399, vom 8.7.1990.

47 Gesetz Nr. 7373, vom 8.5.1990, in Kraft getreten zum 1.1.1991.

48 Erlaß Nr. 3, vom 25.5.1990.

49 Siehe Anmerkung 47!

50 Dies geschah mit dem Erlaß Nr. 7, vom 25.5.1990, der ebenfalls am 1. Januar 1991 in Kraft getreten ist.

51 Gesetz Nr. 7425, vom 14.11.1990.

52 Erlaß Nr. 9, vom 16.11.1990.

53 Dies geschah mit dem Beschluß Nr. 400, vom 17.11.1990.

54 Gesetz Nr. 7374, vom 8.5.1990.

55 Genauer, am 18.4.1991! Das Dekret war Ende April noch nicht veröffentlicht; die folgende Darstellung stützt sich deshalb auf mündliche Informationen durch Professor Hasan BANJA.
56 Gesetz Nr. 7375, vom 8.5.1990.
57 Gesetz Nr. 7377, vom 8.5.1990.
58 Dekret Nr. 7439, vom 1.12.1990.
59 Gesetz Nr. 7378, vom 8.5.1990.
60 Dekret Nr. 7407, vom 31.7.1990.
61 Dekret Nr. 7437, vom 1.12.1990.
62 Dekret Nr. 7406, vom 31.7.1990.
63 Beschluß Nr. 228, vom 11.7.1990.
64 Dekret Nr. 7476, vom 12.3.1991; dieses Dekret markiert den Übergang vom bloßen Reform- zum Transformationsprozeß!
65 Beschluß Nr. 138, vom 3.4.1991.
66 Hier hat sich das sozialistische Mißtrauen gegenüber dem privaten Profitstreben manifestiert. Daß der Staat die Herstellung von z.B. Pornoheften - wenn er sie schon nicht verbieten will - höher besteuern kann als andere wirtschaftliche Aktivitäten, widerspricht zwar, abgesehen von der Einzelfallregelung, nicht unbedingt dem marktwirtschaftlichen Geist. Doch wie weiter unten dargestellt ist, sind die Überlegungen der Albaner zur Besteuerung generell noch sehr stark in der Vorstellung befangen, daß der Staat im Steuerrecht auch seine Wertschätzung für bestimmte wirtschaftliche Aktivitäten generell zum Ausdruck bringen sollte, um auf diese Weise den Konsum zu beeinflussen.
67 Erlaß Nr. 7, vom 15.4.1991.
68 Gegliedert nach Nahrungs- und Genußmitteln (32 Positionen), Erzeugnissen der Leichtindustrie - vom Nähgarn über Kaffeemühlen, Tischuhren usw. bis hin zu Fahrrädern - (27 Positionen), Reparaturleistungen (4 Positionen), chemische Produkte (9 Positionen), Holzprodukten (8 Positionen), Erdöl, Gas und Benzin, Strom, Pharmazeutika, Haushaltsgeräten (7 Positionen), Baumaterial (8 Positionen), Sportartikeln, Druckerzeugnissen und Transportleistungen (2 Positionen).
69 Zur Dysfunktionalität des sogenannten Perestrojka-Systems mit speziellem Blick auf Albanien vgl. Gramoz PASHKO: Strukturprobleme und Reformen in Albanien, in: Osteuropa, 41. Jg. (1991), H. 4, S. 321-330, insbesondere S. 328 ff.
70 Vgl. dazu Dieter LÖSCH, Olaf STEFFEN: Das Wirtschaftssystem der Perestrojka, Hamburg 1991.
71 Letzteres ist unsicher, weil auch die Demokraten in der sozialen Scheinsicherheit des stalinistischen Systems aufgewachsen sind und in Rechnung stellen müssen, daß die Bevölkerung über 45 Jahre lang in Unmündigkeit gehalten worden ist und deshalb lange brauchen wird, bis sie es lernt, auf eigenen Füßen zu stehen.
72 Nanos Regierungserklärung zur Transformation und das Papier entsprechen sich in Gliederung und Inhalt.

73 Diese Formel fand ihren Niederschlag in Artikel 3 des sogenannten Privateigentums-Dekrets vom 12.3.1991 sowie in der Regierungserklärung Fatos Nanos vom 10. Mai.

74 Von albanischer Seite steht inzwischen einer Ausreise albanischer Staatsbürger - auch zum Zwecke der Arbeits-aufnahme im Ausland - nichts mehr entgegen. Es ist für die meisten Albaner jedoch sehr schwer, wenn nicht gar unmöglich, von den ausländischen Botschaften ein Ein-reisevisum zu erhalten; noch schwieriger ist dies für eine Arbeitserlaubnis im Ausland.

75 Vgl. hierzu das Minimalprogramm der Demokratischen Par-tei, abgedruckt in: Albanien im Wahlkampf, Deutsch-Al-banische Freundschaftsgesellschaft e.V., hrsg. von Michael SCHMIDT-NEKE, Hamburg 1991, S. 14.